D1701696

Direzione editoriale	Daniele Sagrillo
Progetto editoriale	Daniele Sagrillo – Rita Centra
Testi	Rita Centra
Prefazione	Stefania Stellino

REALIZZAZIONE EDITORIALE

Coordinamento di produzione	Stefano Dionisi
Redazione e impaginazione	Staff Laboratorio Apprendimento Editore
Coperta, progetto grafico	Studio Aurora srl
Referenze fotografiche	Freepik – Shutterstock – Getty Images - iStock

www.laboratorioapprendimento.com

Sede: Via Mugello 8, 00141, Roma

Prima edizione: SETTEMBRE 2023

I NUOVI PEI

Guida alla compilazione sezione per sezione

RITA CENTRA

Volume aggiornato al D.M. n°153/2023

MATERIALI PER LA SCUOLA

CON ESEMPI DI PEI COMPILATI PER OGNI GRADO SCOLASTICO

+ Corso di formazione online incluso nel Volume

Editore LABORATORIO APPRENDIMENTO®

Della stessa autrice Rita Centra

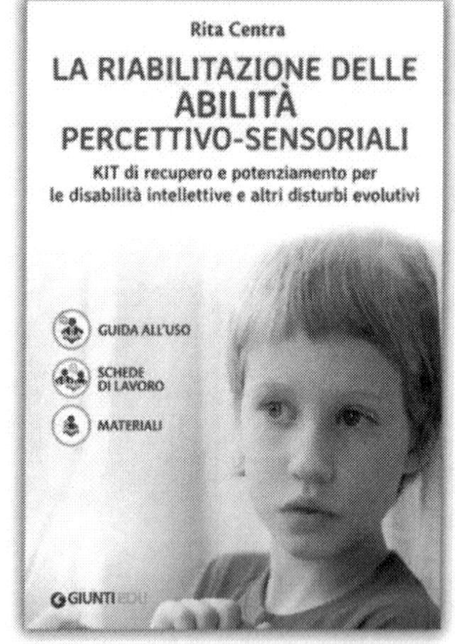

INDICE

Prefazione

di Stefania Stellino
Presidente ANGSA Lazio

Quando mi è stato chiesto di scrivere la prefazione a questo libro, in pochi secondi mi è passata davanti agli occhi una storia lunga più di 7 anni (e ben 6 ministri): dalla pubblicazione della "Buona scuola", passando per il tanto atteso decreto delega sull'inclusione[1], ai necessari regolamenti e decreti ministeriali per renderlo applicabile (ben pochi, purtroppo ad oggi), alla pubblicazione dopo 4 anni (sob!) del Decreto Interministeriale 182 con i quattro Modelli PEI, dalla scuola dell'infanzia alla secondaria di secondo grado, e le correlate Linee Guida, fino al triste epilogo del settembre 2021 con l'annullamento del TAR del Lazio del decreto stesso. La storia del Nuovo Modello PEI, quello che finalmente avrebbe parlato un linguaggio unico in tutto il territorio nazionale, dal concepimento, passando per la gestazione, il battesimo e la morte. E, chissà, nel futuro, la resurrezione.

Riprendere in mano i miei quadernetti e recuperare immagini e sensazioni è stato davvero molto emozionante!

La gestazione è iniziata con la pubblicazione del Decreto Ministeriale 686 del 21 settembre 2017, il primo dei tanti previsti dal decreto 66: la costituzione dell'Osservatorio Permanente per l'Inclusione scolastica. L'insediamento dell'Osservatorio di fatto è avvenuto il 27 novembre del 2017, alla presenza dell'allora Ministro dell'Istruzione, Valeria Fedeli. Onorata di essere tra i componenti della Consulta delle Associazioni in rappresentanza di **ANGSA nazionale** (Associazione Nazionale Genitori perSone con Autismo), in seno alla **FISH** (Federazione Italiana Per il Superamento dell'Handicap), quel giorno tornai a casa con il compito assegnatomi dal dott. Raffaele Ciambrone di raccogliere, attraverso la rete associativa della Federazione, quanti più PEI possibili, rappresentativi della situazione italiana in positivo e negativo, per cercare di far tesoro delle buone prassi.

Poi altre due riunioni sotto il suo mandato per parlare di regolamento interno e di quanto lavoro ci fosse da fare per poter rendere applicabile tutto il decreto 66. La seconda riunione, il 27 febbraio 2018, purtroppo è rimasta fissata nella mia memoria per il furto subito del portafoglio, proprio appena salita

[1] Per "Buona scuola" s'intende il decreto 107 del 2015. Con il "decreto delega sull'inclusione" s'intende il decreto legislativo 66 del 2017

sul tram di fronte al Ministero. Nella terza, il 15 maggio 2018, presieduta dalla Direttrice Generale Giovanna Boda, con la ministra già con le valigie pronte, si sono costituiti e riuniti i gruppi di lavoro, mai divenuti operativi, interni all'Osservatorio, per l'elaborazione dei provvedimenti attuativi. Io ero nel gruppo proprio per la definizione del nuovo modello di PEI. Ricordo essere stata una giornata lunghissima al Ministero, ricca di confronti e scontri, anche poco piacevoli rispetto a presunte competenze derivanti da titoli accademici che le avrebbero legittimate. Nei miei appunti ritrovo anche l'entusiasmo della dott.ssa Boda nell'immaginare a breve un tour Regione per Regione, da parte dei tecnici del Ministero insieme ai componenti delle associazioni nell'Osservatorio, per illustrare i decreti ministeriali sul PEI. Quello che in effetti è avvenuto quest'anno con le misure di accompagnamento, rigorosamente online: certo nessuno allora poteva prevedere la pandemia e neppure che sarebbero trascorsi altri 3 anni da quella riunione, durante la quale si parlò anche del decreto sul Profilo di Funzionamento, che, ad oggi, ancora è in bozza, una bozza ad esser buoni, 'irricevibile'.

Alla Ministra Fedeli subentra Il Ministro Marco Bussetti, che sembra voglia dare una ventata di operatività, anche se strizzando l'occhio ai sindacati in nome del "dogma dell'intangibilità del rapporto di lavoro", mettendo in secondo piano l'interesse dell'alunno, e di fatto la continuità[2], alla cui bozza di decreto ministeriale il Consiglio superiore della Pubblica Istruzione aveva appena dato parere interlocutorio, ma sostanzialmente negativo. E, da allora, anche quel decreto è rimasto nel cassetto. Nonostante tutto, abbiamo lavorato con il coltello tra i denti, discutendo articolo per articolo per migliorare la bozza del correttivo del decreto legislativo 66, soprattutto nella parte dei Gruppi di Lavoro Operativi per l'inclusione, i GLO, nel mettere la famiglia al centro insieme alla corresponsabilità educativa. «Perché nessuno debba essere lasciato più in panchina», usando le parole del Ministro, che da insegnante di educazione motoria, spesso nei suoi saluti introduttivi delle riunioni, raccontava aneddoti esemplificativi, come quello del ragazzo autistico che faceva sempre centro tirando con l'arco perché riusciva a concentrarsi solo sul punto nero.

E così nel 2019 ha visto la luce il Decreto legislativo 96, correttivo del 66.

Ma già nel settembre del 2019 ci ritroviamo con un nuovo Ministro, Lorenzo Fioramonti, e quindi a dover ricominciare più o meno tutto da capo. E tutto si complica ancora di più se ci si trova a cambiare interlocutore praticamente ogni anno. Si ricomincia in salita. Alla prima riunione, il 1° ottobre, siamo stati costretti a lasciare il tavolo: nessun confronto sui temi reali ed urgenti e l'inclusione scolastica ancora una volta non pervenuta. Il rispetto si ottiene anche con l'essere risoluti nel mantenere la propria posizione, senza alzare la voce, ma con un gesto che apre al dialogo costruttivo ed operativo. Devo dare atto al Ministro di aver subito voluto rimediare accogliendo la richiesta di incontro di una delegazione della FISH e di una dell'ANGSA, nel primo dei quali il focus è stato proprio sugli applicativi del decreto 66, principalmente sui modelli PEI e la continuità. Ed il Ministro ha ascoltato appuntandosi tutte le priorità. Riguardo il secondo incontro, quello con l'ANGSA, scrivevo subito dopo aver chiesto al Ministro (proveniente dal mondo accademico) di poter finalmente definire un *«percorso formativo di specializzazione. Abbiamo ribadito con fermezza che 'gestire' un alunno/studente in classe non può basarsi sull'improvvisazione, bisogna sapere cosa fare, ma soprattutto cosa NON fare»*. Quindi necessità assoluta di formazione ed aggiornamenti obbligatori in itinere per tutti gli insegnati e gli assistenti

[2] l'art. 14 del decreto legislativo 66/2017

all'autonomia e comunicazione, e ribadito che se voleva dare un segnale di cambiamento quello sarebbe stato il momento giusto! Questo scrivevo a metà ottobre, e il 23 dicembre del 2019 il Ministro rassegna le dimissioni perché nella finanziaria per il 2020 mancavano proprio gli stanziamenti per l'istruzione "per poter fare" quanto ci aspettavamo noi, quanto sperava lui.

Un ministero breve ma intenso: 100 giorni.

Nel 2020 inizia l'era della Ministra Lucia Azzolina. Sembra trascorsa una eternità. Forse anche colpa della pandemia che ha dilatato i tempi scolastici, mettendoli per così dire in attesa. Pandemia che ha anche fatto scoprire il lavoro da remoto, e quanto possa essere più veloce ed economico in tutti i sensi: niente più trasferte e possibilità di incontri in orari prima impensabili. Anche se a prezzo del 'caldo' confronto in presenza. Fatto sta che c'è stata una grande ed improvvisa velocizzazione del processo di scrittura delle bozze dei modelli PEI, delle correlate Linee guida e del decreto che doveva contenere il tutto.

Abbiamo lavorato l'intera estate 2020, anche di 14 agosto, sul PEI e nell'ultime settimane di agosto sulle Linee Guida esplicative. Siamo riusciti, come gruppo scuola FISH interno dell'Osservatorio Permanente per l'inclusione (grande squadra!) ad ottenere molto. Non tutto quello che avremmo voluto.

Ci siamo battuti durante la Consulta e nel CTS dell'Osservatorio di fine agosto perché fosse garantita la corresponsabilità della famiglia ed il suo ruolo paritetico all'interno del GLO, che deve predisporre e verificare il PEI durante l'anno, e perché il diritto allo studio ed alle pari opportunità degli studenti con disabilità sia sempre al primo posto nelle priorità del Ministero!

A settembre, vengono pubblicate le bozze dei modelli in maniera 'clandestina' e comincia una odissea da far sfigurare anche la fantasia di Omero. Le associazioni, alcune anche presenti all'interno dell'Osservatorio, e quindi con la possibilità di poter incidere su un documento migliore durante le fasi di revisione, iniziano a discutere, anche animatamente, sulle pagine di **SUPERANDO**[3], sui social e nei vari webinar sulla presunta volontà di escludere invece che di includere insita nel nuovo modello di PEI. «Galeotta fu» la parola "esonero"[4], sulla cui inopportunità la FISH si era battuta durante l'estate, e che infatti era stata eliminata dai modelli in favore di "materia alternativa", ma che era rimasta nelle Linee Guida. Inoltre, la mancanza del Profilo di Funzionamento, che il decreto 66 individuava come propedeutico alla stesura del PEI, ne minava dal basso l'intera struttura.

Il Ministero va per la sua strada, nonostante tutto. Come FISH avevamo depositato sin da settembre delle memorie (pubblicate anche da Superando) con le richieste emendative, ma il 29 dicembre 2020 viene pubblicato il Decreto Interministeriale 182[5], e di lì a poco, il 13 febbraio 2021 con la nota 40 il Ministero dell'Istruzione ha trasmesso alle Istituzioni scolastiche il Decreto 182 ed i quattro modelli PEI, uno per ogni grado di scuola. Adesso è ufficiale. La FISH deposita nuovamente la memoria con le richieste di modifiche dei modelli, aggiornata al documento ufficiale. Il Ministero ha fretta di dare gli strumenti alle scuole in vista di settembre, del nuovo anno scolastico 2021-22, quando il modello dovrà essere adottato da tutti gli istituti scolastici, così dal 26 febbraio iniziano le misure di accompagnamento esplicative, con webinar rivolti agli insegnanti ed alle famiglie, sulle modalità di compilazione dei modelli.

---

[3] Testata giornalistica on-line della FISH, fondata dal giornalista Franco Bomprezzi.

[4] La possibilità di individuare all'intero del PEI dei percorsi alternativi ad una o più materie difficilmente seguibili per alcune condizioni di disabilità.

[5] *Adozione del modello nazionale di piano educativo individualizzato e delle correlate linee guida, nonché modalità di assegnazione delle misure di sostegno agli alunni con disabilità, ai sensi dell'articolo 7, comma 2-ter del decreto legislativo 13 aprile 2017, n. 66*

Nel frattempo, cambia nuovamente il ministro dell'istruzione: il 13 febbraio subentra il professore Patrizio Bianchi.

Tra una formazione ed un'altra alcune associazioni ricorrono al TAR per l'annullamento del decreto e quindi del PEI così formulato. E intanto il Ministero va sempre avanti: a giugno viene emanata la nota a firma del Capo dipartimento Marco Bruschi, nella quale si sollecitano i DS ed i Coordinatori scolastici a convocare i GLO e provvedere alla revisione e verifica del PEI entro il 30 giugno, sottolineando che non si tratta di un mero adempimento burocratico ma dello strumento fondamentale per la realizzazione dell'inclusione scolastica.

Si arriva a luglio. L'udienza presso il TAR è fissata al 19 luglio. Certo l'eredità del Ministro Bianchi non era semplice da gestire, ma nonostante la possibilità di poter intervenire accogliendo le istanze pervenute dopo il confronto con le associazioni, e la consultazione delle scuole come era previsto dall'art. 21 del decreto Interministeriale, e soprattutto dopo le sollecitazioni pervenute durante l'udienza, il Ministero non ha ritenuto opportuno intervenire. E il 14 settembre (!) viene pubblicata la sentenza che annulla tutto.

Scrivevo subito dopo su Superando:

«Così dobbiamo rimettere indietro l'orologio del tempo al dicembre 2020.
Ci si dovrà comportare in termini di pianificazione e progettazione così come si è fatto fino a prima del decreto, 29 dicembre 2020 e della pubblicazione delle Linee guida e dei modelli, 13 gennaio 2021, Che poi, a dire il vero, è quello che si è continuato a fare anche fino ad oggi. Di fatto i nuovi modelli PEI avrebbero dovuto essere adottati con l'inizio del nuovo anno scolastico, cioè da settembre 2021. Da adesso.
Pensiamo, allora, ad una macchina col motore acceso che inizia a fare qualche chilometro, il guidatore tutto contento ingrana prima seconda terza e quarta,
sta per ingranare la quinta e il passeggero all'improvviso toglie le chiavi dal cruscotto mentre la macchina è in piena autostrada».

Ci ritroveremo con un guazzabuglio di PEI, fantasiosi, quando non peggio astrusi, che non raccontano la persona.

La linea invece deve essere quella di sdoganare l'idea del PEI come mero atto burocratico. È, e deve essere, **lo strumento** per costruire il progetto educativo di quello studente e solo di quello. Quindi strumento **unico** e modificabile, perché deve seguire la crescita della persona da bambino ad alunno fino a studente. Strumento dotato di vita, che respira e si nutre di obiettivi da raggiungere e superare, nel quale ogni famiglia deve poter riconoscere il proprio figlio.

Si poteva garantire finalmente a tutti, **TUTTI**, gli studenti, **PARI OPPORTUNITÀ**, con modelli nazionali di Piani Educativi Individualizzati con al centro la **PERSONA**, nei quali riuscire a vedere lo studente come individuo che vive in un determinato contesto (non solo fisico, materiale) che deve essere adattato, con quegli **ACCOMODAMENTI RAGIONEVOLI**, che la convenzione ONU sancisce insieme al diritto all'**AUTODETERMINAZIONE**, e **personalizzare** veramente i percorsi di vita dei singoli.

Perché il PEI è parte integrante del Progetto di vita che, di fatto, rimane ancora una chimera e che magari con quei modelli avrebbe potuto diventare una fenice!

E invece?

Invece si è buttato un vestito nuovo perché fallato, senza provare a rammendarlo. Anzi per riprendere la metafora iniziale, è come aver gettato dalla rupe un figlio che necessitava solo abilitazione senza garantirgliela. Senza dargli una opportunità.

E per chi lo ha visto nascere e crescere, vi assicuro che è stato molto molto triste e sconfortante!

Confido intanto che non tutto sia perduto e che vengano seguite le proposte di modello di PEI contenute in questo libro, la cui autrice, **Rita Centra**, ringrazio di cuore per la tenacia nel voler migliorare l'inclusione nella scuola italiana!

Ndr: aggiornamento del 22 settembre 2023

Un anno e 4 mesi per pubblicare il **D.I. n.153/2023**, il tanto atteso Decreto Correttivo del Decreto Interministeriale n. 182/2020, nonostante fosse pronto dal settembre dello scorso anno. Ma lo sappiamo, nel frattempo, un nuovo Ministro dell'Istruzione (e del Merito), Giuseppe Valditara, si è insediato a Viale Trastevere, a Roma. Molti, anzi, direi, quasi tutti gli emendamenti proposti dalla FISH sono stati recepiti, ma non quello più importante per poter veramente **garantire la personalizzazione** dell'istruzione: le famigerate tabelle C e C1. Quindi continua a persistere l'**ingabbiamento nei range**, con buona pace della quantificazione dei sostegni che risponda alle effettive necessità degli alunni/studenti. Almeno è scomparso *quel non meglio specificato* "debito di funzionamento", che è diventato "**supporti al funzionamento**".

Per ultimo vorrei fare un appello a tutti i docenti delle secondarie di secondo grado, in caso di opzione "C" e quindi di percorsi differenziati con discipline con programmazione ridotta: non interpretate le nuove Linee Guida a pag.38 come la possibilità di ritornare alla '*valutazione per aree*', delegando al solo sostegno la responsabilità educativa. 'Ridurre' non vuol dire cancellare una disciplina, ma ricondurre gli apprendimenti relativi alle capacità di apprendimento della singola persona. Ognuno impara, a modo suo, ma impara! Va solo compreso cosa valga la pena che impari per crescere e come.

Ringrazio, infine, **Laboratorio Apprendimento** che, con la sua proposta integrata di Centro Polispecialistico, Ente formativo ECM-MIUR ed Editore partecipa da anni attivamente alla creazione di una cultura fondamentale di integrazione multidisciplinare tra tutti gli attori coinvolti (Scuola, Sanità e Famiglia).

Introduzione *di Rita Centra*

Il lavoro che abbiamo fatto per questo volume racchiude anni di esperienza clinica acquisita sul campo con le valutazioni diagnostiche, la consulenza, la formazione alle insegnanti di sostegno, curriculari e a i referenti BES ma, soprattutto, con la riabilitazione verso le famiglie; proprio questo contatto diretto in **ottica "multidisciplinare"** con tutti gli attori coinvolti (sanità-scuola-famiglia) ha fatto sì che si focalizzassero gli elementi fondamentali che vanno trattati, pertanto troverete un approccio molto operativo alla tematica che non lascia spazio a inutili "speculazioni dialettiche accademiche" (o pseudo tali);

con il **Team di Laboratorio Apprendimento** abbiamo creato una operazione chiamata **SOS PEI-ICF** che racchiude proprio questo spirito di "semplificazione" operativa di un argomento estremamente complesso reso ancor più tale dai continui aggiornamenti normativi che creano, ipso facto, sempre più confusione tra tutti gli operatori coinvolti; a tal fine nel volume troverete molte schede utili, griglie di osservazione e strumenti operativi fotocopiabili e immediatamente utilizzabili nella compilazione del PEI.

Animati sempre da questo spirito abbiamo pensato di fare cosa ancora più utile e cioè **quella di includere, gratuitamente nell'acquisto del volume, il corso di formazione** specifico sulla compilazione nei nuovi modelli PEI aggiornato all'ultimo **D.M. n.153 del 1° agosto 2023**; il corso è accreditato MIUR, la sua durata è di 7 ore ed è già visionabile nella piattaforma FAD di LabAcademy da qualsiasi dispositivo (PC, Tablet e/o Smartphone); per accedere al corso è sufficiente **inviare la Vostra ricevuta di acquisto di Amazon del libro** al numero whatsapp dell'**assistenza clienti 345-09.80.671** che vi invierà il **CODICE COUPON OMAGGIO con cui sarà possibile visionare il corso** che rimarrà per sempre vostro per cui utile per tornare a consultare i contenuti proposti e acquisire al meglio le competenze necessarie alla compilazione del Piano Educativo Individualizzato.

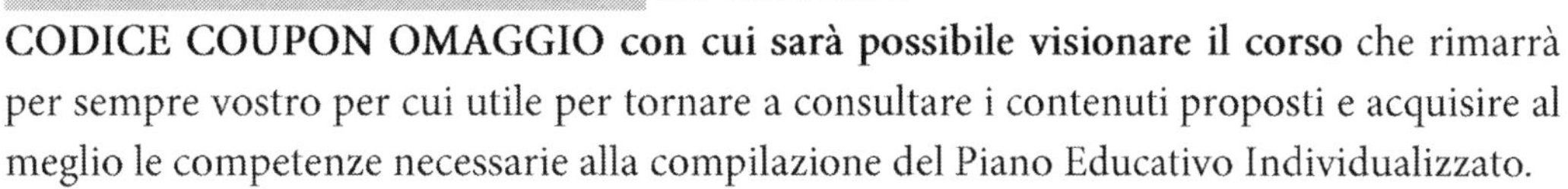

Il volume è strutturato, inizialmente, con la presentazione ragionata delle sezioni del PEI con esempi di compilazione che mettono in evidenza la *ratio* con cui vanno compilate dal processo di osservazione alla progettazione dell'intervento.

Sono presenti anche esempi di Profilo di Funzionamento, Progetto di vita e, soprattutto, 4 modelli PEI completi già compilati (1 per ogni grado scolastico: infanzia, primaria, secondaria 1° grado e 2° grado).

Buon lavoro e buona lettura

Rita Centra

Capitolo 1

La compilazione del nuovo PEI

I NUOVI MODELLI PEI 2023-24: quadro normativo

Questo volume si propone di fornire gli strumenti per la compilazione dei nuovi modelli PEI: analizzeremo le variazioni che sono state apportate ed entreremo proprio nel merito della compilazione delle varie aree e strutture.

è fondamentale comprendere il Piano Educativo Individualizzato nel rapporto tra le leggi e le norme che lo regolano per capire cosa fare

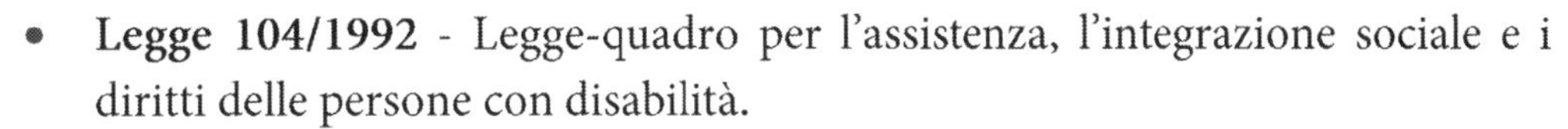

- **Legge 104/1992** - Legge-quadro per l'assistenza, l'integrazione sociale e i diritti delle persone con disabilità.
- **Legge 107/2015** - la famosa legge sulla *buona scuola*, in seguito alla quale sono stati emanati i decreti legislativi:
- **Decreto legislativo 17 maggio 2017, n. 66** (c.d. *"Decreto sull'inclusione"*)
- **Decreto legislativo 12 settembre 2019, n.96**
- **Decreto interministeriale n.182 del 29 dicembre 2020** (oggetto di un complesso iter giudiziario: annullamento del TAR del 2020 e ripristino del Consiglio di Stato nel 2022)
- **Decreto interministeriale n. 153 del 1° agosto 2023** (correttivi al decreto 182), scaricabile all'indirizzo: *https://www.miur.gov.it/web/guest/-/decreto-ministeriale-n-153-del-1-agosto-2023*

IL GRUPPO DI LAVORO OPERATIVO

Il **GLO** (Gruppo di Lavoro Operativo) elabora e approva il PEI. Non si chiama più GLH, ma GLO; l'H che indicava handicap è stata sostituita dalla **O** di Operativo.

Vediamo insieme da chi è composto:

- **Docenti contitolari o consiglio di classe**, compreso l'insegnante specializzato per il sostegno didattico, e presieduto dal dirigente scolastico o da un suo delegato.
- **Referente del sostegno**, che cambia nome in base ai diversi gradi scolastici (Funzione Strumentale, POSES, etc.)

con la ***partecipazione***

- a pieno titolo della **famiglia**
- dell'**esperto** (non più di 1, deve essere una figura sanitaria specializzata uno psicologo, un terapista, etc., ovviamente non un "amico di famiglia") che la famiglia invita a partecipare avendo rapporti con il bambino o ragazzo nel processo di riabilitazione dello stesso. La sua partecipazione ha valore consultivo e non decisionale. L'esperto può essere remunerato dalla famiglia per questa attività. Si specifica che la famiglia può indicare 1 sola figura professionale ma il dirigente scolastico può convocare tutte quelle figure professionali esterne (che interagiscono con la classe o con l'alunno) che ritiene necessarie; si precisa che la famiglia non può far partecipare al GLO i suoi esperti di propria iniziativa, ma deve indicare preventivamente alla scuola i nominativi che provvederà poi a convocarli ufficialmente al GLO.

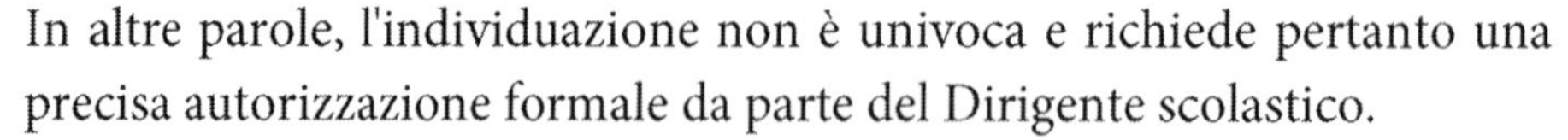
In altre parole, l'individuazione non è univoca e richiede pertanto una precisa autorizzazione formale da parte del Dirigente scolastico.

- **dello studente** della scuola secondaria di II° grado in virtù del principio di autodeterminazione nel caso in cui lo stesso abbia delle sufficienti capacità cognitive e di comprensione verbale; in ogni caso la convocazione dello studente deve essere comunque fatta.
- **delle figure professionali interne** (collaboratori scolastici che coadiuvano nell'assistenza di base, coloro che si occupano dell'Assistenza Specialistica, specialisti interni alla scuola: pediatri, psicologi, psicomotricisti) o **esterne** (assistenti per l'autonomia e la comunicazione, che hanno preso il nome di OEPA, considerati esterni perché normalmente non sono retribuiti dalla scuola, ma dalle varie cooperative).
- **con il necessario supporto* dell'Unità di Valutazione Multidisciplinare (UVM)**, che fa capo alla ASL oppure alla struttura sanitaria di residenza dell'alunno o dell'ASL nel cui distretto si trova la scuola, che segue il bambino certificato. In teoria, in questa unità ci dovrebbero essere tre figure: il ***neuropsichiatra infantile*** e poi a scelta

altre due figure, tra psicologo, logopedista, assistente sociale, terapista della neuro e psicomotricità, etc.

L'**UVM** partecipa a pieno titolo ai lavori del GLO (con diritto di voto) tramite un rappresentante designato dal Direttore sanitario della stessa.

****con il supporto,*** significa che non è più obbligatoria la partecipazione della struttura sanitaria di riferimento alle riunioni del GLO. Se prima era prevista di default, ora prende parte al gruppo di lavoro, solo se la scuola ne fa richiesta. Questa "mancanza" è colmata con l'inserimento dello specialista/i esterno/i fornito dalla famiglia, che di certo può apportare un contributo più pratico e concreto, essendo una figura a stretto contatto con lo studente.

Le linee guida, contenute nel Decreto Interministeriale n. 153, suggeriscono due modalità operative per offrire a ogni GLO il tipo di supporto più adatto, adottabili entrambe o in alternativa:

- l'ASL indica uno o più membri dell'UVM come componenti a tutti gli effetti del GLO ed essi saranno pertanto invitati a tutti gli incontri e - se impossibilitati a partecipare - manterranno i contatti in altro modo;
- si concordano con la scuola, secondo le diverse situazioni, altre modalità di supporto, anche a distanza o indirette, quali ad esempio: consulenze, controllo dei documenti di programmazione, interventi in caso di necessità o altro.

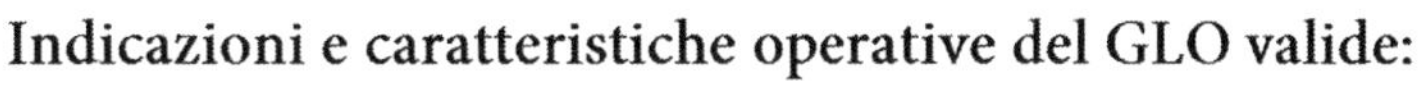

Indicazioni e caratteristiche operative del GLO valide:

- *Le riunioni si svolgono, salvo motivata necessità, in ore NON coincidenti con l'orario di lezione.*
- Le riunioni del GLO si possono svolgere anche a distanza, come accade ormai di consueto, in modalità telematica sincrona, quindi, in diretta.
- Il GLO è convocato dal dirigente scolastico o da un suo delegato, di norma con un preavviso di almeno sette giorni, mediante comunicazione via posta elettronica ordinaria.
- Tutti i membri del GLO hanno accesso al PEI discusso e approvato, nonché ai verbali.
- La partecipazione attiva deve sempre attuarsi nel rispetto delle specifiche competenze e dei rispettivi ruoli.
- La condivisione degli obiettivi educativi e didattici con la famiglia è fondamentale, anche se stabilirli resta *competenza esclusiva dei docenti.*
- Le **modalità di valutazione** restano nella facoltà dei docenti: sono loro a decidere con quali criteri valutare il raggiungimento o meno degli obiettivi; questo acquista la sua importanza soprattutto in prossimità degli esami di Stato;
  - ➢ infatti, proprio **all'art.7, comma 2 lettera d) del D.Lgs 66/2017**, come modificato dal D.Lgs 96/2019, è scritto che il PEI «il GLO

esplicita le modalità di sostegno didattico, [...], le modalità di verifica, i criteri di valutazione, [...] la valutazione in relazione alla programmazione individualizzata»: **"esplicitare",** dunque, nel senso di "rendere chiare" non "definire" o "disporre", quindi, le modalità di valutazione sono rese chiare dal PEI, ma sono <u>decise</u> dal personale docente.

- Il lavoro del GLO deve promuovere il confronto tra soggetti diversi che operano per un obiettivo educativo comune, che è portare il ragazzo verso la migliore qualità e autonomia di vita.

Cosa deve contenere il PEI?

- Numero delle ore di sostegno e delle altre risorse umane da richiedere
- Esplicitazione della modalità di valutazione differenziate in relazione alla programmazione individualizzata
- Interventi di assistenza igienica e di base, svolti dal personale ausiliario nell'ambito del plesso scolastico
- Individuazione di strumenti, strategie e modalità nelle quattro aree e dimensioni (non più sette):

SOS PEI-ICF	AREE DI INDAGINE *(vedere la Check-list di osservazione)*
A	**Socializzazione/interazione/relazione**
B	**Comunicazione/linguaggio**
C	**Autonomia/orientamento**
D	**Cognitiva/neuropsicologica/apprendimento**

IL PEI PROVVISORIO

- Va compilato entro la fine di giugno con l'indicazione del numero delle ore di sostegno e di assistenza educativa o igienica di base, al fine di permettere in tempo utile l'assegnazione, a partire già da settembre, delle risorse necessarie.
- **È sostanzialmente il primo Piano Educativo Individualizzato redatto nella storia scolastica dell'alunno**
- La redazione del PEI provvisorio è **sempre di pertinenza della scuola di destinazione**, salvo il caso in cui il certificato di accertamento di disabilità ai fini dell'inclusione scolastica sia presentato **dopo il 31 marzo.** *(sarà, quindi, a cura della scuola di partenza)*
- Il PEI provvisorio DEVE ESSERE redatto solo in questi 2 CASI, nello specifico:

1. Alunni neoiscritti in una istituzione scolastica

2. Nuove certificazioni di alunni già iscritti e frequentanti la scuola

Se ci sono già alunni certificati e non nuovi all'istituzione scolastica, già seguiti, non è necessario compilare il PEI provvisorio a giugno. Basterà stilare un verbale di richiesta delle ore di sostegno e assistenza per l'anno **20.../...** nell'ultimo incontro di GLO di giugno: si tratta della verifica finale del PEI già fatto.

Se, invece, ci sono alunni nuovi o già iscritti ma con nuova certificazione, entro fine giugno, bisogna compilare il PEI provvisorio.

Per la redazione del PEI provvisorio si prevede la compilazione soltanto di alcune sezioni del modello:

a. **intestazione e composizione del GLO**
b. **sezione 1** – Quadro informativo, con il supporto dei genitori
c. **sezione 2** - Elementi generali desunti dal profilo di funzionamento
d. **sezione 12** – PEI provvisorio per l'a.s. successivo (numero delle ore di sostegno e assistenza richieste)
e. **sezione 4** - Osservazioni sull'alunno/a per progettare interventi di sostegno didattico (avendo avuto la scuola di destinazione poco tempo per poter stilare un profilo, diventa difficile poter compilare quest'area)
f. **sezione 6** - Osservazioni sul contesto: barriere e facilitatori

IL PEI DEFINITIVO

È confermata la scadenza della compilazione entro il 31 ottobre. Non si tratta di un documento *statico*, ma è soggetto a verifiche periodiche nel corso dell'anno scolastico, al fine di accertare il raggiungimento degli obiettivi e apportare eventuali modifiche ed integrazioni.

Gli incontri del GLO dovranno essere 3:

- INIZIALE – non oltre il mese di ottobre, salvo situazioni particolari (es. ritardi consistenti nella nomina e assegnazione degli insegnanti che hanno impedito di conoscere il proprio studente).
- INTERMEDIO (almeno uno) tra gennaio e aprile, per "accertare il raggiungimento degli obiettivi e apportare eventuali modifiche ed integrazioni"
- FINALE – entro il mese di giugno – che ha la duplice funzione di verifica conclusiva e di formalizzazione delle proposte di sostegno didattico e di altre risorse per l'anno successivo (richiesta delle ore di sostegno e assistenza igienico-educativa, che poi andranno scritte nel verbale del PEI provvisorio, se si tratta di un nuovo iscritto; oppure nella verifica finale del PEI).

Solo per alunni/e che abbiano ottenuto per la prima volta la certificazione della condizione di disabilità ai fini dell'inclusione scolastica, è prevista - sempre entro il mese di giugno - la convocazione del GLO per la redazione del PEI in via provvisoria.

LE VERIFICHE INTERMEDIE

Gli incontri intermedi (almeno uno) vengono fatti per accertare il raggiungimento degli obiettivi e apportare eventuali modifiche ed integrazioni. Il numero di questi incontri dipende dai bisogni emersi e dalla conseguente necessità di apporre correttivi e integrazioni al testo precedentemente approvato. Gli incontri di verifica possono essere preventivamente calendarizzati, ma anche proposti dai membri del GLO, con richiesta motivata al Dirigente scolastico, per affrontare emergenze o problemi particolari.
Nei modelli PEI troviamo i riquadri relativi alle verifiche intermedie:

- **nella sezione 4,** è possibile che inseguito alle strategie e agli interventi messi in atto e alla crescita dell'alunno/a alcune abilità descritte durante le osservazioni si siano modificate in positivo oppure in alcuni casi si potrebbe verificare una regressione delle abilità descritte o una perdita di competenze.

Revisione a seguito di Verifica intermedia Data: 30 febbraio

Specificare i punti oggetto di eventuale revisione	*Si rileva un notevole miglioramento nei tempi di attenzione che passano da 5 minuti a 20 minuti su compiti strutturati motivanti. Rispetto all'autonomia nello svolgimento delle attività necessita ancora della supervisione dell'insegnante ma solo inizialmente per avviare il compito, in seguito riesce a svolgerlo facendo riferimento, quando ne ha bisogno, al lavoro svolto dal proprio compagno tutor.*

- **nella sezione** 5, bisogna verificare come si sta procedendo rispetto agli obiettivi educativi prefissati. Si possono inserire altri obiettivi, perché alcuni di quelli già indicati sono stati raggiunti. In realtà si raccomanda di inserire inizialmente, nella stesura del PEI definitivo a fine ottobre, pochi obiettivi a breve termine con l'intento di aggiungerne altri in seguito alle verifiche intermedie. È possibile, in alcuni casi, modificare gli obiettivi o le strategie in quanto non si rilevano miglioramenti.

Revisione a seguito di Verifica intermedia Data: 10 marzo

Specificare i punti eventualmente oggetto di revisione relativi alle Dimensioni interessate	*Visto che nella dimensione neuropsicologia, cognitiva e dall'apprendimento si è raggiunto l'obiettivo di allungare i tempi di attenzione si aggiunge un altro obiettivo che è "migliorare l'attenzione visiva e uditiva selettiva, inibendo la risposta a stimoli distrattori". L'esito atteso è "ascoltare la spiegazione dell'insegnante rimanendo seduto e rispondendo a domande di verifica". Per raggiungere questi obiettivi si utilizzeranno le seguiti strategie o attività:* • *posizionare il banco lontano da fonti di distrazione come finestre o porte;* • *eliminare possibili distrattori all'interno dell'aula, sarebbe meglio affiggere solo i cartelloni che hanno una ricaduta pratica per il lavoro scolastico (tabella dei caratteri, regole sociali, schema della giornata);* • *creare una ambiente strutturato in cui sia chiaro all'alunno cosa andrà a fare, dove la farà, e per quanto tempo;* • *elaborare insieme uno "schema delle attività" che consiste nello scrivere la sequenza delle attività su di un foglio;*

	• *dividere i compiti in più parti, da consegnare separatamente, fornendo piccoli suggerimenti intermedi.* • *segnalare chiaramente quando si è soddisfatti del lavoro dell'alunno, rappresentando attraverso grafici i progressi compiuti in alcuni ambiti stabiliti precedentemente.*

- **nella sezione 6**, bisogna verificare se le condizioni del contesto scolastico da un punto di vista fisico, organizzativo e relazionale sono cambiate

Revisione a seguito di Verifica intermedia Data: 10 marzo

Specificare i punti oggetto di eventuale revisione	*Rispetto alla barriera descritta nell'incontro precedente (estrema confusione uditiva dovuta al riverbero delle pareti dell'aula) sono stati affisi dei pannelli fonoassorbenti sulle pareti che hanno abbassato il livello del frastuono.*

- **nella sezione 7**, bisogna verificare se gli interventi messi in atto per rendere l'ambiente di apprendimento sempre più inclusivo sono stati efficaci o meno.

Revisione a seguito di Verifica intermedia Data: 30 febbraio

Specificare i punti oggetto di eventuale revisione	*Visto il persistere dell'atteggiamento di esclusione da parte della classe verso l'alunno si programmano altri 3 incontri di sensibilizzazione effettuati con la psicologa esterna che lo segue e altri 4 laboratori di team building per costruire un clima cooperativo, da effettuarsi con un docente interno specializzato in questa tematica.*

- **nella sezione 8,** in questa fase il GLO monitora in itinere, se l'impianto complessivo della personalizzazione stia funzionando o meno, ossia se l'insieme di interventi e di strategie attivati, assieme a quelli destinati alla realizzazione di un ambiente di apprendimento inclusivo (così come indicato nella Sezione 7), stia dando i risultati attesi, senza limitarsi al solo aspetto didattico. L'obiettivo è quello di riflettere sul superamento di limiti, difficoltà e barriere, senza soffermarsi soltanto sulle criticità rilevate e proporre eventuali modifiche all'impianto di personalizzazione.

Revisione a seguito di Verifica intermedia Data: 10 marzo

Specificare i punti oggetto di eventuale revisione	*Le strategie indicate ad ottobre sono state efficaci ma si ritiene utile aggiungere, per regolare maggiormente il comportamento dell'alunno, un ulteriore intervento:* • *fornire in maniera chiara le regole da rispettare, le indicazioni su cosa ci aspetta da lui e sulle conseguenze delle diverse azioni. Nello stabilire le regole è importante discuterle insieme, visualizzarle in maniera chiara e semplice, indicando e descrivendo i comportamenti positivi e non solo i divieti. Si possono visualizzare attraverso immagini perché il potere delle immagini stampate è maggiore di quello dell'interazione umana. Bisogna includere solo le informazioni e le regole più importanti (6 o 7). Se sono troppe l'alunno può avere difficoltà nel prestare attenzione e rispettarle.*

- **nella sezione 9,** si inseriscono eventuali modifiche al progetto di inclusione, al modo in cui vengono utilizzate le risorse assegnate.

Revisione a seguito di Verifica intermedia Data: 30 febbraio

Specificare i punti oggetto di eventuale revisione	*Inizialmente l'alunno frequentava la scuola con orario ridotto, in quanto entrava 30 minuti più tardi e usciva 30 minuti prima per non trovarsi nel flusso di entrata e di uscita, perché questo gli provocava disregolazione comportamentale. Adesso non necessita più di questa riduzione in quanto la familiarizzazione con il contesto fisico e relazionale lo porta a tollerare la confusione che può crearsi.*

VERIFICHE FINALI

A conclusione dell'anno scolastico è necessario valutare cosa e come si è riusciti a realizzare, individuare e proporre interventi necessari per l'anno scolastico successivo.

Nei modelli PEI troviamo i riquadri relativi alle verifiche finali:

- **nella sezione 5,** in riferimento alla progettazione educativa per ogni dimensione si effettua una verifica finale dei risultati conseguiti, accompagnata dalla valutazione sull'efficacia di interventi, strategie e strumenti adottati.

Verifica conclusiva degli esiti Data: 25 maggio

Con verifica dei risultati conseguiti e valutazione sull'efficacia di interventi, strategie e strumenti	*In base ad un'osservazione diretta nel contesto scolastico e a quanto riferito dei genitori si rileva il raggiungimento di tutti gli obiettivi elencati nella presente sezione.*

- **nella sezione 7,** si inseriscono i risultati della valutazione conclusiva, al termine dell'anno scolastico, rispetto all'efficacia degli interventi descritti per rendere il contesto un ambiente di apprendimento inclusivo.

Verifica conclusiva degli esiti Data: 30 maggio

con verifica dei risultati conseguiti e valutazione sull'efficacia di interventi, strategie e strumenti	*Gli incontri di sensibilizzazione sono stati efficaci in quanto il clima della classe è maggiormente inclusivo e cooperativo. Alcuni compagni di classe si offrono volontariamente per fornire un tutoraggio a Federico*

- **nella sezione 8,** la valutazione è riferita prioritariamente all'*efficacia degli interventi*, non solo al *raggiungimento degli obiettivi* previsti da parte dell'alunna e dell'alunno. Questa distinzione è particolarmente importante in questa sezione dedicata agli apprendimenti, considerando che - a parte la Scuola dell'Infanzia, ove non si svolge la valutazione strutturata degli apprendimenti - la loro valutazione non spetta al GLO ma è di competenza specifica del team docenti e del consiglio di classe.

Verifica conclusiva degli esiti Data: 30 maggio

con verifica dei risultati didattici conseguiti e valutazione sull'efficacia di interventi, strategie e strumenti riferiti anche all'ambiente di apprendimento. *NB: la valutazione finale degli apprendimenti è di competenza di tutto il Consiglio di classe*	*Le strategie utilizzate hanno permesso all'alunno di affrontare lo studio delle singole discipline con un maggiore senso di responsabilità, favorendo nell'alunno un atteggiamento maggiormente autonomo e responsivo.*

GUIDA ALLA COMPILAZIONE DEL PEI

SEZIONE 1.

Nell'ottica di una stretta collaborazione scuola-famiglia questa sezione deve essere compilata a cura della famiglia o del caregiver.
Gli insegnanti possono inserire i dati nel PEI in seguito a questionari e/o interviste riguardanti:

- modalità di presa in carico
- strategie di gestione dei comportamenti problematici
- notizie sulle terapie
- approccio seguito dagli specialisti in modo da poter coordinare gli interventi

Per **la scuola dell'infanzia, primaria e secondaria 1° grado**, il quadro informativo da compilare è il seguente:

1. Quadro informativo

Situazione familiare / descrizione del bambino o della bambina
A cura dei genitori o esercenti la responsabilità genitoriale ovvero di altri componenti del GLO..
....
....
....

"Il presente decreto promuove la partecipazione della famiglia"
Art. 1, n.2 (D.Lgs. 66/2017)

Per la **scuola secondaria di secondo grado**, è importante ai fini del principio di autodeterminazione, anche dedicare uno **spazio all'alunno stesso** (*vale per gli alunni con capacità sufficiente di comprensione e autoconsapevolezza mentre non va compilata se lo studente ha una compromissione importante*) che descrive sé stesso e i suoi bisogni attraverso gli insegnanti, che gli rivolgeranno una serie di interviste e colloqui:

1. Quadro informativo

Situazione familiare / descrizione dello Studente o della Studentessa
A cura dei genitori o esercenti la responsabilità genitoriale ovvero di altri componenti del GLO ....

Elementi desunti dalla descrizione di sé dello Studente o della Studentessa, attraverso interviste o colloqui..

SOS PEI-ICF

Materiali per la compilazione

SEZIONE 1

STRUMENTI FOTOCOPIABILI

QUESTIONARIO PER LA FAMIGLIA

QUESTIONARIO PER LO STUDENTE

QUESTIONARIO
SEZIONE 1 - FAMIGLIA

SOS PEI-ICF

RITA CENTRA

(da far compilare direttamente alla famiglia) ***domande da 1 a 7 di 14 totali***

PIANO EDUCATIVO INDIVIDUALIZZATO - PEI

✓ 1. Come è composto il vostro nucleo familiare?

✓ 2. Descrivete la vostra situazione abitativa

✓ 3. Come raggiunge la scuola vostro figlio/a?

✓ 4. Quali sono gli impegni settimanali extrascolastici?

✓ 5. Che cosa gli/le piace fare? Cosa non gli/le piace fare?

✓ 6. Che cosa sa fare bene? Cosa non gli/le riesce bene?

✓ 7. Che cosa funziona per ottenere la sua collaborazione?

QUESTIONARIO SOS
SEZIONE 1 - FAMIGLIA PEI-ICF

RITA CENTRA

(da far compilare direttamente alla famiglia) ***domande da 8 a 14 di 14 totali***

PIANO EDUCATIVO INDIVIDUALIZZATO - PEI

✓ 8. Per comunicare come si esprime?

✓ 9. Come vi fate capire da lui/lei?

✓ 10. Rispetto alle autonomie personali cosa è importante sapere?

✓ 11. Che cosa bisogna evitare, ci sono paure, preoccupazioni o contenuti che lo/la irritano?

✓ 12. Può mettere in atto comportamenti problematici? Quali?

✓ 13. Quali sono le strategie di gestione del comportamento più adeguate che voi avete sperimentato o che hanno suggerito i terapisti?

✓ 14. Quali sono i suggerimenti psicoeducativi generali dei terapisti?

INTERVISTA

SEZIONE 1 - STUDENTE

(da fare direttamente allo/a studente/ssa)

SOS PEI-ICF RITA CENTRA

PIANO EDUCATIVO INDIVIDUALIZZATO - PEI

✓ **Cosa ti piace fare? Cosa non ti piace fare?**

✓ **Cosa fai nel tempo libero o per rilassarti?**

✓ **Quale attività fisica vorresti fare o stai già facendo?**

✓ **Ci sono cose che ti spaventano o ti fanno arrabbiare? Quali?**

✓ **Come sono le persone che ti piacciono e quelle che non ti piacciono?**

✓ **Che cosa ti riesce bene e cosa ti riesce meno bene?**

✓ **Che cosa vorresti fare dopo la scuola?**

SEZIONE 2.

Questa parte riguarda il Profilo di Funzionamento, che è il documento propedeutico e necessario alla redazione del PEI; se non si possiede, fa fede la *Diagnosi Funzionale.*
La descrizione sintetica viene redatta dai membri del GLO.

2. Elementi generali desunti dal Profilo di Funzionamento

o dalla Diagnosi Funzionale, se non disponibile

Sintetica descrizione, considerando in particolare le dimensioni sulle quali va previsto l'intervento e che andranno quindi analizzate nel presente PEI

____
____
____

<u>Cos'è il Profilo di Funzionamento</u> (PF)?

- Sostituisce, ricomprendendoli, la **Diagnosi Funzionale** e il **Profilo Dinamico Funzionale.**
- Viene redatto secondo i criteri del modello bio-psico-sociale dell'**ICF** (**C**lassificazione **I**nternazionale del **F**unzionamento) adottato dall'**OMS** (**O**rganizzazione **M**ondiale della **S**anità).
- L'ICF viene associato all'ICD-10 che fornisce la categoria diagnostica mentre l'ICF chiarisce "come funziona" la persona

Il funzionamento di una persona con disabilità o con una patologia più in generale, viene influenzato da tre fattori:

1. la componente ***bio*** del proprio corpo (funzione e struttura corporea)
2. la componente ***psicologica*** (atteggiamenti, attività che svolge, partecipazione e frequentazioni)
3. la componente ***sociale*** (fattori ambientali e contesto in cui è inserito)

Esempio

Nel caso di un paziente diabetico la sua qualità di vita dipenderà:

1. sia dalla funzionalità del suo pancreas, quindi, dalla parte ***biologica*** e corporea;
2. dal suo ***atteggiamento*** (es. quanto fedelmente segue la dieta, se fa un'attività sportiva, etc.)
3. dall'***ambiente*** che frequenta. Il suo funzionamento sarà migliore se preso in carico dalla struttura sanitaria che prevede day hospital per i pazienti diabetici. Invece, se il paziente fa parte di una regione dove questo protocollo di presa in carico non viene messo in atto, la sua qualità di vita sarà peggiore.

L'ICF dice proprio questo: il **funzionamento non dipende solo dalla malattia in sé, ma anche da altre due componenti *psicologica* e *sociale*,** componenti che possono condizionare o migliorare di gran lunga la qualità della vita di quella persona.

Un ulteriore esempio riguarda tutti gli atleti degli Special Olympics che nonostante le diverse menomazioni (componente biologica) la loro partecipazione sociale e attività non sono in alcun modo limitate. Questo grazie ai due fattori principali:

1) la capacità di resilienza e di risposta alle avversità (componente psicologica)
2) la possibilità di usufruire di protesi adatte e funzionali (componente sociale)

Inoltre, negli ultimi anni, rappresentano modelli di riferimento per tutta la comunità nazionale e internazionale.

Il **discorso si estende anche in ambito scolastico.** La richiesta delle **ore di sostegno** e delle **risorse** varia a seconda dei contesti di ogni istituto: se nella struttura ci sono molte barriere (es. bassa formazione specifica del personale docente), anche il funzionamento dell'alunno certificato subirà delle limitazioni; se invece l'istituto è fornito di una serie di facilitatori, le esigenze diminuiranno.

Ritornando al riquadro 2, **è necessario fare una sintesi discorsiva del profilo di funzionamento,**

5. Elementi generali desunti dal Profilo di Funzionamento

o dalla Diagnosi Funzionale, se non disponibile.

Sintetica descrizione, considerando in particolare le dimensioni (o i domini) sui quali va previsto l'intervento e che andranno quindi analizzati nel presente PEI

Rispetto alle funzioni mentali specifiche sono presenti difficoltà di grado medio (2) nella focalizzaizone e mantenimento dell'attenzione, nella memoria a breve e lungo termine, di grado lieve (1) nel linguaggio sia in comprensione che in produzione. Sono presenti difficoltà gravi (3) nell'autoregolazione emotiva, nella pianificazione, nella capacità organizzativa e nella gestione del tempo.

- Nel novembre del 2022 il Ministero della Salute ha pubblicato LINEE GUIDA PER LA REDAZIONE DELLA CERTIFICAZIONE DI DISABILITÀ IN ETÀ EVOLUTIVA AI FINI DELL'INCLUSIONE SCOLASTICA E DEL **PROFILO DI FUNZIONAMENTO** TENUTO CONTO DELLA CLASSIFICAZIONE INTERNAZIONALE DELLE MALATTIE (ICD) E DELLA CLASSIFICAZIONE INTERNAZIONALE DEL FUNZIONAMENTO, DELLA DISABILITÀ E DELLA SALUTE (ICF) DELL'OMS in attuazione dell'art. 5 c. 6 del D. Lgs. 66/2017 "Norme per la promozione dell'inclusione scolastica degli

studenti con disabilità", come modificato dal D. Lgs. 96/2019 "Disposizioni integrative e correttive al D. Lgs. 66/2017".
LINK>> https://www.salute.gov.it/imgs/C_17_pubblicazioni_3276_allegato.pdf

- Per il momento queste Linee guida fornisco l'impianto "teorico" al quale ci si dovrà attenere per la produzione dei documenti necessari ad attivare le misure di inclusione scolastica, ma per essere messe concretamente in pratica è necessario attendere ancora l'emanazione del decreto interministeriale Istruzione-Salute.
- Si evidenzia che il profilo di funzionamento deve essere redatto in prosa, non è necessario citare i codici alfanumerici dell'ICF.
- Il DI 153 precisa che i DOMINI richiamati dalle suddette Linee Guida corrispondono alle DIMENSIONI, come di seguito riportato:

Verbale di accertamento / Profilo di Funzionamento	PEI-Piano Educativo Individualizzato
Dominio	*Dimensione*
Apprendimento	Cognitiva, Neuropsicologica e dell'Apprendimento
Comunicazione	Comunicazione / Linguaggio
Relazioni e Socializzazione	Relazione / Interazione / Socializzazione
Autonomia Personale e Sociale	Autonomia/Orientamento

Quali cambiamenti ha portato il D.Lgs n.66/2017?

IL PEI DEVE ESSERE ORIENTATO AL PROGETTO INDIVIDUALE DELL'ALUNNO, IN ALTRE PAROLE BISOGNA CHIEDERSI QUALE SPENDIBILITÀ HANNO GLI OBIETTIVI, LE ATTIVITÀ E IN GENERALE LA PROGRAMMAZIONE EDUCATIVA E DIDATTICA NEL MIGLIORAMENTO DELLA SUA QUALITÀ DI VITA E NELLA SUA INCLUSIONE SOCIALE

SEZIONE 3.

Questa sezione va compilata solo se è già presente un progetto di vita o se è stato richiesto dalla famiglia.

3. Raccordo con il Progetto Individuale di cui all'art. 14 della Legge 328/2000

a. Sintesi dei contenuti del Progetto Individuale e sue modalità di coordinamento e interazione con il presente PEI, tenendo conto delle considerazioni della famiglia (se il progetto individuale è stato già redatto) _______

b. Indicazioni da considerare nella redazione del progetto individuale di cui all'articolo 14 Legge n. 328/00 (se il progetto individuale è stato richiesto e deve ancora essere redatto)

Si ribadisce in questa **sezione l'importanza del raccordo tra il Progetto di vita e il PEI** ovvero la spendibilità rispetto alla autonomia futura delle proposte e attività didattiche.

IL PROGETTO DI VITA – *che cos'è e cosa contiene*

1. **Profilo di Funzionamento** a cura della struttura sanitaria territoriale
2. PEI a cura della scuola
3. **Prestazioni di cura e riabilitazione** a carico del Servizio Sanitario nazionale
4. **Servizi alla persona** cui provvede il Comune in forma diretta o accreditata, con particolare riferimento al recupero e all'integrazione sociale (assistenti sociali, mezzi pubblici a disposizione, etc.)
5. **Misure economiche** necessarie per il superamento di condizioni di povertà, emarginazione ed esclusione
6. **Potenzialità ed eventuali sostegni** per il nucleo familiare

Concorrono alla predisposizione del Progetto di Vita con relativo budget e in sinergia i seguenti "attori":

1. ASL/ULSS e Municipi/Comuni
2. Famiglia/Persona con disabilità
3. Scuola, attraverso il PEI

Questo è un esempio di un quadro sintetico di **Progetto di Vita**, realizzato per un alunno di seconda media, con diagnosi di spettro autistico.

Scarica i modelli proposti andando su
www.laboratorioapprendimento.com
nell'area **DOWNLOAD MATERIALI**

PROGETTO DI VITA
INDICAZIONI e OBIETTIVI
per il miglioramento della Qualità di Vita

(da redigere a cura della ASL e Municipio/Comune, predisposto con la Famiglia e in sinergia con la Scuola)

DIMENSIONI - QUADRO DI SINTESI

DIMENSIONI	
BENESSERE FISICO	Fare regolare attività fisica strutturata e spontanea (passeggiata, escursioni, etc.)
BENESSERE MATERIALE	Uso funzionale del denaro (piccole somme con le monete, capcità di identificare il potere di acquisto) per spese personali e soddisfazione di desideri.
BENESSERE EMOTIVO	• Potenziare la capacità di autocontrollo dei comportamenti disadattivi e di rabbia nelle situazioni di non soddisfazione o frustrazione • Potenziare la capacità di comunicazione del disagio, del bisogno, dei desideri e/o delle contrarietà.
AUTODETERMINAZIONE	• Adattarsi ai cambiamenti delle routine • Accettare le correzioni e i suggerimenti • organizzarsi il materiale per facilitarsi il compito • organizzarsi autonomamente le attività di tempo libero
SVILUPPO PERSONALE	• Lettura sillabica • Comprensione di semplici e brevi parole • Scrivere parole bisillabe e trisillabe sotto dettatura e spontaneamente • Scrivere il proprio nome, cognome, indirizzo, numero di telefono • Compiere semplici operazioni algebriche (somma e sottrazione) • Associazione numero e quantità oltre il valore 10.
RELAZIONE INTERPERSONALE	• Uso contestuale di forme di saluto e di cortesia (salutare, dire "grazie", "prego", "scusa", etc.) • Potenziare la capacità di comunicazione del disagio, del bisogno, dei desideri e/o delle contrarietà • Non disturbare gli altri con richieste di attenzione se sono impegnati
INCLUSIONE SOCIALE	Implementare e potenziare la partecipazione ad opportunità ed eventi, a servizi e strutture pubbliche (es. Cinema, uscite, negozi, parrocchie e gruppi parrocchiali, Scuolabus, etc.)

SEZIONE 4.

Questa sezione risulta indispensabile perché la **fase dell'osservazione sistematica** è fondamentale per esaminare le situazioni nel contesto in cui si verificano (es. scuola e/o classe) e individuare le ***potenzialità*** dell'allievo e i ***punti di forza*** sui quali progettare e costruire gli interventi educativi e didattici successivi.

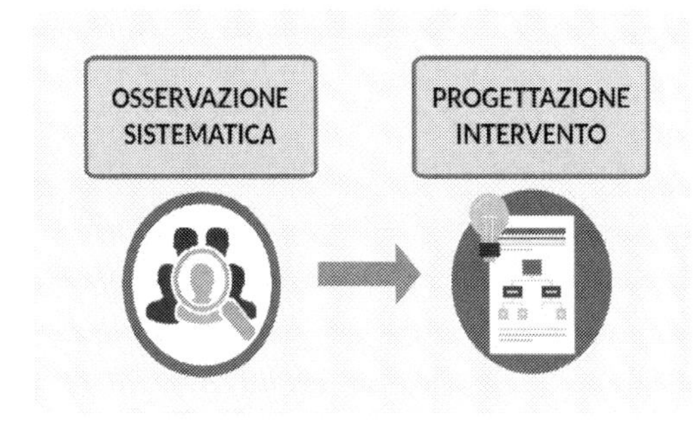

Spariscono, di fatto, le aree di sviluppo (Assi) della diagnosi funzionale (cognitiva, affettiva, linguistica, sensoriale, motoria, neuropsicologica e autonomia) che vengono sostituite dalle quattro dimensioni riportate nella tabella sotto.

4. Osservazioni sull'alunno/a per progettare gli interventi di sostegno didattico
a. Dimensione della relazione, dell'interazione e della socializzazione:
b. Dimensione della comunicazione e del linguaggio:
c. Dimensione dell'autonomia e dell'orientamento:
d. Dimensione neuropsicologica, cognitiva e dell'apprendimento:

L'osservazione, riguardante le 4 dimensioni, deve partire da una prospettiva *funzionale*:

1. Deve essere posta l'attenzione sui **punti di forza** e le **potenzialità.**
2. L'osservazione <u>**non deve essere**</u> un elenco delle cose che non vanno!
3. In alcuni casi si possono aggiungere i punti di debolezza ma bisogna fornire sempre una visione globale dell'alunno.
4. Occorre riportare quello che l'alunno è in grado di FARE **in autonomia** e quello che RIESCE A FARE **con un "aiuto esterno"** indicando anche il tipo di aiuto/sostegno

a. Dimensione della relazione, dell'interazione e della socializzazione:

Gli elementi da tenere presente nella compilazione sono:

- **area del sé** (come lo studente considera sé stesso)
- **rapporto con gli altri**, con il gruppo dei pari
- **interazioni con gli adulti**
- **motivazione all'apprendimento** (motivazione intrinseca/estrinseca (lode, rinforzo sociale), compiti complessi, ecc.)

Segue un esempio di compilazione:

a. Dimensione della relazione, dell'interazione e della socializzazione:

Area del sé Rapporto con gli altri, con il gruppo dei pari Interazioni con gli adulti Motivazione all'apprendimento *(motivazione intrinseca/estrinseca, compiti complessi, etc)*	Marco tollera la vicinanza dei compagni, è a suo agio in attività da svolgersi in parallelo e in piccolo gruppo, nell'interazione con i coetanei e con il gruppo classe necessita della mediazione dell'adulto, che riconosce e accetta facilmente. nella visione non-ICF avremmo scritto solamente *"difficoltà relazionali"* Nelle attività nuove o complesse necessita di sperimentare, inizialmente, un senso di autoefficacia che lo porta ad accogliere brevi correzioni nella visione non-ICF avremmo scritto solamente *"non tollera la frustrazione dell'errore"*

Scarica i modelli proposti andando su
www.laboratorioapprendimento.com
nell'area **DOWNLOAD MATERIALI**

Per facilitare la compilazione della dimensione, possiamo utilizzare una griglia di criteri di osservazione, una serie di domande-guida che ci aiutino nella descrizione; è importante sottolineare che non è necessario rispondere a tutte le domande riportate ma solo a quelle più pertinenti allo studente per il quale si sta elaborando il PEI.

	A - Dimensione della relazione, dell'interazione e della socializzazione
✓	Come si separa dai genitori?
✓	Etichetta stati emozionali, regola le reazioni emotive?
✓	È sensibile ai premi concreti, ai rinforzi sociali (lodi, applausi) o ai rinforzi intrinseci? Quali?
✓	Tollera la frustrazione dell'errore o del compito complesso?
✓	Svolge i compiti con continuità e con costanza?
✓	Mostra collaborazione? Se si a quali tipi di richiesta?
✓	Interagisce in modo spontaneo con noi o con altri presenti? In quale occasione?
✓	Interagisce su nostra iniziativa? A quale richiesta?
✓	A livello affettivo mostra un legame particolare con noi o con le altre persone o avversione?
✓	Condivide materiali o qualcosa di proprio?
✓	Tollera le attese, rispetta il turno?
✓	Presenta gioco funzionale (uso appropriato di giocattoli)? Con quali giochi?
✓	Presenta gioco simbolico (uso auso creativo degli oggetti)? Quale?
✓	Partecipa a giochi sociali semplici e con regole (nascondino, giochi da tavolo)?
✓	Risolve situazioni sociali complesse?

"individua strumenti, strategie e modalità per realizzare un ambiente di apprendimento nelle dimensioni della relazione, della socializzazione, della comunicazione, dell'interazione, dell'orientamento e delle autonomie"

Art. 7, comma C (D.Lgs. 66/2017)

b. Dimensione della comunicazione e del linguaggio:

Gli elementi da tenere presente nella compilazione sono:

- **comprensione** (eseguire istruzioni **semplici**, cioè composte da una singola azione; oppure **complesse**, composte da più elementi o da più azioni in sequenza, es. "Metti la penna nell'astuccio e l'astuccio nello zaino"; istruzioni **se-allora**, es. "Se hai le mani sporche, lavale" oppure "Se il bagno è occupato, aspetta").
- **produzione verbale** (fare richieste, comunicare bisogni, modalità di comunicazione, costruzione della frase, etc.)
- **conversazione** (reciprocità, attinenza, resoconto di eventi)
- **uso di linguaggi alternativi** (se usa la Comunicazione Aumentativa-Alternativa, Linguaggio dei Segni, etc.)

Segue un esempio di compilazione riferito a una bambina con diagnosi di spettro autistico di COMPRENSIONE della dimensione B:

b. Dimensione della comunicazione e del linguaggio:

Comprensione *(seguire istruzioni semplici, complesse, se-allora)*	Alice comprende parole singole, la sua comprensione aumenta quando le comunicazioni vengono utilizzate o accompagnate dai gesti. Viene utilizzato uno schema di lavoro, costituito dalle immagini delle attività, e collocato alla sinistra del banco, per rendere visibilmente ed immediatamente chiaro alla bambina la richiesta.
Produzione verbale *(fare richieste, comunicare bisogni)*	
Conversazione *(reciprocità, attinenza, resoconto di eventi)*	
Uso di linguaggi alternativi	

nella visione non-ICF avremmo scritto solamente *"non comprende richieste semplici"*

Segue un esempio di compilazione della PRODUZIONE VERBALE della dimensione b della sezione 4:

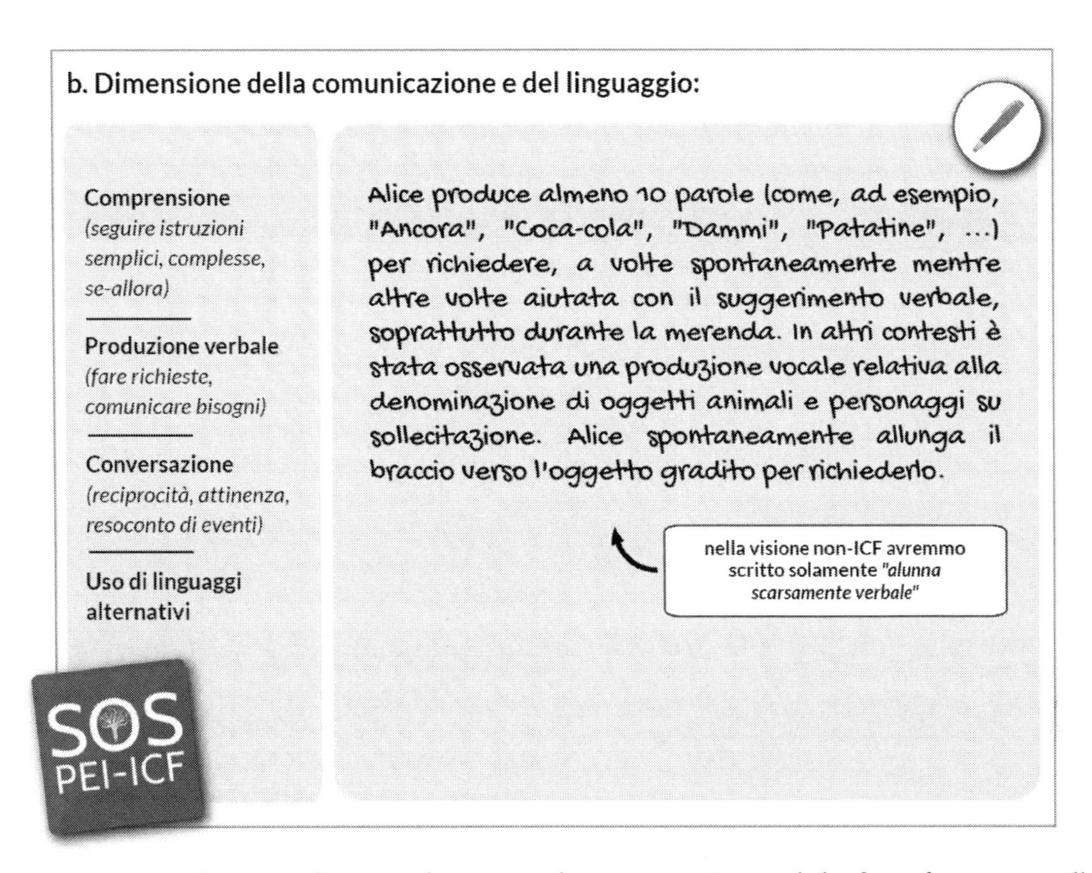

b. Dimensione della comunicazione e del linguaggio:

Comprensione *(seguire istruzioni semplici, complesse, se-allora)* **Produzione verbale** *(fare richieste, comunicare bisogni)* **Conversazione** *(reciprocità, attinenza, resoconto di eventi)* **Uso di linguaggi alternativi**	Alice produce almeno 10 parole (come, ad esempio, "Ancora", "Coca-cola", "Dammi", "Patatine", ...) per richiedere, a volte spontaneamente mentre altre volte aiutata con il suggerimento verbale, soprattutto durante la merenda. In altri contesti è stata osservata una produzione vocale relativa alla denominazione di oggetti animali e personaggi su sollecitazione. Alice spontaneamente allunga il braccio verso l'oggetto gradito per richiederlo.

nella visione non-ICF avremmo scritto solamente *"alunna scarsamente verbale"*

SOS PEI-ICF

Per la compilazione di questa dimensione è possibile far riferimento alla griglia di criteri di osservazione sottostante dedicata al linguaggio:

	B - Dimensione della comunicazione e del linguaggio
✓	Mostra di comprendere le nostre richieste? Semplici, complesse, 2 azioni in sequenza, se-allora?
✓	Come fate voi a farvi capire da lui? Cosa "funziona" meglio con lui? (es. parlargli, mostrargli le cose...)
✓	Comprende cosa sta per succedere nelle diverse situazioni?
✓	Che tipo di concetti comprende meglio? Comprende concetti concreti, astratti, sociali?
✓	Comprende i giochi di parole, gli scherzi, le metafore?
✓	Comprende ciò che ci si aspetta che lui risponda?
✓	Utilizza un linguaggio verbale, pre-verbale (vocalizzi) o motorio (gesti)?
✓	Come fa a farsi capire da noi? Chiede ciò che vuole? Indica ciò che vuole? Si avvicina a ciò che vuole?
✓	Che cosa in genere ci comunica? Un bisogno? Quale? Che cosa sembra più interessato a comunicare?
✓	Di solito ripete delle frasi? Quali? Attribuiamo un senso a questo?
✓	Dice cose che capisce solo chi lo conosce bene? Quali?
✓	Comunica spontaneamente?
✓	Nella conversazione utilizza un senso di reciprocità, fa domande attinenti, fa resoconto di eventi?
✓	Usa linguaggi alternativi (CAA, linguaggio dei segni, comunicatore)

c. Dimensione dell'autonomia e dell'orientamento:

Gli elementi da tenere presente nella compilazione sono:

- **autonomie personali e di base**
- **autonomie sociali e orientamento** (es. come si orienta all'interno dell'istituto, del gruppo classe, comprende da chi può andare, chi dei suoi compagni è più disponibile, chi meno, etc.)
- **motricità globale**
- **motricità fino-motoria**
- **prassie semplici e complesse**
- **funzionalità visiva, uditiva e tattile**

Segue un esempio di compilazione di un alunno con caratteristiche dello spettro autistico:

c. Dimensione dell'autonomia e dell'orientamento:

Autonomie personali e di base Autonomie sociali e orientamento Motricità globale Motricità fino-motoria Prassie semplici e complesse Funzionalità visiva, uditiva e tattile	Marco viene accompagnato al portone e poi sale due piani di scale da solo. Si orienta all'interno dell'istituto per raggiungere l'aula, la palestra e il laboratorio di informatica. Lungo il suo tragitto segue in modo analitico il percorso; può travolgere eventuali ostacoli e può essere disturbato da assembramenti e confusione. Le strategie utilizzate efficaci sono: • effettuare gli spostamenti poco prima dei cambi • inserire un elemento fortemente motivante alla fine del percorso

Scarica i modelli proposti andando su **www.laboratorioapprendimento.com** nell'area **DOWNLOAD MATERIALI**

Per la compilazione di questa dimensione è possibile far riferimento alla griglia di criteri di osservazione sottostante dedicata all'autonomia e orientamento:

C - Dimensione dell'autonomia e dell'orientamento	
✓	Come si muove nell'aula e nell'istituto?
✓	Come usa i materiali (giochi, attività didattiche, etc.) proposti? Quali usa?
✓	Sa orientarsi all'interno del gruppo dei pari? Riconosce chi è più disponibile?
✓	Riconosce gli scherzi, le prese in giro e il pericolo?
✓	Utilizza i canali sensoriali in modo particolare (lecca gli oggetti, annusa, tocca ripetutamente, morde)?
✓	Ci sono elementi rilevanti e potenzialità nella funzionalità visiva, uditiva, tattile?
✓	Utilizza le due mani in maniera coordinata? (svita, infila alcune perle nella corda o su un'asta, ritaglia, incolla, colora, etc.)
✓	Come prende gli oggetti e il mezzo grafico? Usa la presa a pinza?
✓	Ci sono elementi rilevanti nel camminare, correre, saltare, sedersi, battere le mani, lanciare, calciare, spingere e ricevere oggetti?
✓	Quali autonomie personali mostra (svita tappi, si lava le mani, va al bagno, mangia da solo, entra ed esce da solo)?

Le competenze sono ciò che effettivamente resta in noi dopo che abbiamo dimenticato tutto quello che avevamo imparato

Salvemini (1908)

d. Dimensione neuropsicologica, cognitiva e dell'apprendimento:

Va compilata tenendo conto di:

- **attenzione** (tempi, tipo: visiva, uditiva, etc.)
- **memoria** (breve/lungo termine)
- **organizzazione spazio-temporale**
- **funzionalità intellettiva** (tipo di pensiero e ragionamento, a che livello è l'astrazione)
- **stile cognitivo** (visivo, uditivo, etc.)
- **capacità di problem solving**
- **capacità di lettura, scrittura, calcolo**

Esempio di alunno con stile cognitivo di tipo visivo:

d. Dimensione neuropsicologica, cognitiva e dell'apprendimento:

Attenzione Memoria Organizzazione spazio-temporale Funzionalità intellettiva Stile cognitivo Problem solving Lettura, scrittura e calcolo	Valerio apprende meglio quando le nuove informazioni gli vengono presentate visivamente perché riesce a ragionare più adeguatamente su stimoli visivi. Per questa ragione viene utilizzato materiale visivo nelle spiegazioni di concetti verbali e gli viene consentito di fare disegni mentre apprende nuove informazioni.

Scarica i modelli proposti andando su **www.laboratorioapprendimento.com** nell'area **DOWNLOAD MATERIALI**

Esempio di alunno con disabilità intellettiva moderata:

4. Osservazioni sull'alunno/a per progettare gli interventi di sostegno didattico

d. Dimensione neuropsicologica, cognitiva e dell'apprendimento:

Attenzione

Memoria

Organizzazione spazio-temporale

Funzionalità intellettiva

Stile cognitivo

Problem solving

Lettura, scrittura e calcolo

Paolo legge sillabe e parole divise in sillabe, la comprensione del testo scritto ha bisogno del supporto di immagini esplicative.
Può comprendere e ritenere le informazioni di un testo scritto se, quest'ultimo, è altamente motivante, vicino ai suoi interessi scomposto, però, in frasi semplici e supportato da immagini.
Paolo è in grado di scrivere parole bisillabe e trisillabe piane sotto dettatura, può fare errori con le doppie o i gruppi consonantici difficili (digrammi e trigrammi). Spontaneamente può scrivere parole singole se è motivato (es. cercare video su internet).
Paolo può effettuare la lettura e la scrittura dei numeri fino a 50, associare la quantità alla cifra fino al 20, compiere la somma e la sottrazione con il supporto di facilitazioni visive fino al 10.

Per compilare questa dimensione possiamo utilizzare questa griglia:

	D - Dimensione neuropsicologica, cognitiva e dell'apprendimento
✓	Per quanto tempo riesce a concentrarsi *spontaneamente*sui materiali presenti?
✓	Per quanto tempo riesce a concentrarsi sulle attività proposte da noi?
✓	Nel fare le attività siede a tavolino? Per quanto tempo?
✓	Per quanto tempo svolge le attività senza supervisione? Quali strategie lo aiutano ad essere più autonomo (schema, attività strutturate)?
✓	Focalizza l'attenzione sulle attività importanti? Direziona con flessibilità l'attenzione da un'attività all'altra?
✓	Ricorda le consegne, i contenuti trasmessi, le poesie? Cosa facilita il richiamo delle diverse informazioni (immagini, ritmo, etc.)
✓	Di quali supporti ha bisogno per organizzare il suo banco, lo zaino, i materiali, le verifiche scritte e orali?
✓	Quale tipo di organizzazione delle idee segue nel ragionamento? (forma, ritmo, contenuti perseverativi)
✓	Quale è il livello di astrazione? Concreto, simbolico (comprende oggetti, immagini, disegni, stimoli astratti, icone)?
✓	Quale è il suo stile cognitivo? Visivo, uditivo, cinestesico-esperienziale?
✓	Indicare il livello della lettura, scrittura, calcolo, comprensione di un testo scritto e orale

CHECK-LIST OSSERVAZIONE

SOS PEI-ICF

RITA CENTRA

PIANO EDUCATIVO INDIVIDUALIZZATO - PEI

A - Dimensione della relazione, dell'interazione e della socializzazione

- ✓ Come si separa dai genitori?
- ✓ Etichetta stati emozionali, regola le reazioni emotive?
- ✓ È sensibile ai premi concreti, ai rinforzi sociali (lodi, applausi) o ai rinforzi intrinseci? Quali?
- ✓ Tollera la frustrazione dell'errore o del compito complesso?
- ✓ Svolge i compiti con continuità e con costanza?
- ✓ Mostra collaborazione? Se si a quali tipi di richiesta?
- ✓ Interagisce in modo spontaneo con noi o con altri presenti? In quale occasione?
- ✓ Interagisce su nostra iniziativa? A quale richiesta?
- ✓ A livello affettivo mostra un legame particolare con noi o con le altre persone o avversione?
- ✓ Condivide materiali o qualcosa di proprio?
- ✓ Tollera le attese, rispetta il turno?
- ✓ Presenta gioco funzionale (uso appropriato di giocattoli)? Con quali giochi?
- ✓ Presenta gioco simbolico (uso auso creativo degli oggetti)? Quale?
- ✓ Partecipa a giochi sociali semplici e con regole (nascondino, giochi da tavolo)?
- ✓ Risolve situazioni sociali complesse?

B - Dimensione della comunicazione e del linguaggio

- ✓ Mostra di comprendere le nostre richieste? Semplici, complesse, 2 azioni in sequenza, se-allora?
- ✓ Come fate voi a farvi capire da lui? Cosa "funziona" meglio con lui? (es. parlargli, mostrargli le cose...)
- ✓ Comprende cosa sta per succedere nelle diverse situazioni?
- ✓ Che tipo di concetti comprende meglio? Comprende concetti concreti, astratti, sociali?
- ✓ Comprende i giochi di parole, gli scherzi, le metafore?
- ✓ Comprende ciò che ci si aspetta che lui risponda?
- ✓ Utilizza un linguaggio verbale, pre-verbale (vocalizzi) o motorio (gesti)?
- ✓ Come fa a farsi capire da noi? Chiede ciò che vuole? Indica ciò che vuole? Si avvicina a ciò che vuole?
- ✓ Che cosa in genere ci comunica? Un bisogno? Quale? Che cosa sembra più interessato a comunicare?
- ✓ Di solito ripete delle frasi? Quali? Attribuiamo un senso a questo?
- ✓ Dice cose che capisce solo chi lo conosce bene? Quali?
- ✓ Comunica spontaneamente?
- ✓ Nella conversazione utilizza un senso di reciprocità, fa domande attinenti, fa resoconto di eventi?
- ✓ Usa linguaggi alternativi (CAA, linguaggio dei segni, comunicatore)

CHECK-LIST OSSERVAZIONE

SOS PEI-ICF

RITA CENTRA

PIANO EDUCATIVO INDIVIDUALIZZATO - PEI

C - Dimensione dell'autonomia e dell'orientamento

✓	Come si muove nell'aula e nell'istituto?
✓	Come usa i materiali (giochi, attività didattiche, etc.) proposti? Quali usa?
✓	Sa orientarsi all'interno del gruppo dei pari? Riconosce chi è più disponibile?
✓	Riconosce gli scherzi, le prese in giro e il pericolo?
✓	Utilizza i canali sensoriali in modo particolare (lecca gli oggetti, annusa, tocca ripetutamente, morde)?
✓	Ci sono elementi rilevanti e potenzialità nella funzionalità visiva, uditiva, tattile?
✓	Utilizza le due mani in maniera coordinata? (svita, infila alcune perle nella corda o su un'asta, ritaglia, incolla, colora, etc.)
✓	Come prende gli oggetti e il mezzo grafico? Usa la presa a pinza?
✓	Ci sono elementi rilevanti nel camminare, correre, saltare, sedersi, battere le mani, lanciare, calciare, spingere e ricevere oggetti?
✓	Quali autonomie personali mostra (svita tappi, si lava le mani, va al bagno, mangia da solo, entra ed esce da solo)?

D - Dimensione neuropsicologica, cognitiva e dell'apprendimento

✓	Per quanto tempo riesce a concentrarsi *spontaneamente*sui materiali presenti?
✓	Per quanto tempo riesce a concentrarsi sulle attività proposte da noi?
✓	Nel fare le attività siede a tavolino? Per quanto tempo?
✓	Per quanto tempo svolge le attività senza supervisione? Quali strategie lo aiutano ad essere più autonomo (schema, attività strutturate)?
✓	Focalizza l'attenzione sulle attività importanti? Direziona con flessibilità l'attenzione da un'attività all'altra?
✓	Ricorda le consegne, i contenuti trasmessi, le poesie? Cosa facilita il richiamo delle diverse informazioni (immagini, ritmo, etc.)
✓	Di quali supporti ha bisogno per organizzare il suo banco, lo zaino, i materiali, le verifiche scritte e orali?
✓	Quale tipo di organizzazione delle idee segue nel ragionamento? (forma, ritmo, contenuti perseverativi)
✓	Quale è il livello di astrazione? Concreto, simbolico (comprende oggetti, immagini, disegni, stimoli astratti, icone)?
✓	Quale è il suo stile cognitivo? Visivo, uditivo, cinestesico-esperienziale?
✓	Indicare il livello della lettura, scrittura, calcolo, comprensione di un testo scritto e orale

SEZIONE 5.

Partendo dall'osservazione dell'alunno, si procederà a fissare gli **obiettivi educativi trasversali** inerente all'intero arco di vita, gli **strumenti**, le **strategie** e le **modalità**. Dalla Scuola dell'infanzia, e per i successivi cicli di studi, l'alunno sarà seguito nella sua evoluzione e nei suoi cambiamenti individuando gli obiettivi specifici, in relazione a precisi esiti attesi e, per ciascuno di essi, andranno descritte le modalità e i criteri di verifica per il loro raggiungimento.

Per la **Scuola dell'Infanzia** bisogna precisare che i campi di esperienza si sviluppano ed intrecciano in **percorsi educativi** e NON in **percorsi didattici** che invece caratterizzano le discipline degli altri gradi di scuola. *(vedi freccia)*

L'attività di osservazione dell'alunno sopra descritta, relativa alle varie dimensioni è effettuata al fine di individuare i punti di forza sui quali progettare gli obiettivi e gli interventi educativo. Tali interventi e tali obiettivi sono trasversali e agiscono sulle dimensioni fondamentali per lo sviluppo potenziale delle capacità, facoltà e abilità.

Il layout delle tabelle da compilare si differenzia in base ai gradi scolastici coerentemente con la programmazione che dovrà svolgersi durante l'anno.

Esempio vuoto della Scuola dell'infanzia e primaria

5. Interventi per il/la bambino/a: obiettivi educativi e didattici, strumenti, strategie e modalità

A. Dimensione: RELAZIONE / INTERAZIONE / SOCIALIZZAZIONE

> si faccia riferimento alla sfera affettivo-relazionale, considerando l'area del sé, il rapporto con gli altri, la motivazione verso la relazione consapevole, anche con il gruppo dei pari, le interazioni con gli adulti di riferimento nel contesto scolastico, la motivazione all'apprendimento

OBIETTIVI

Obiettivi	*Esiti attesi*

INTERVENTI DIDATTICI e METODOLOGICI

Attività	*Strategie e strumenti*

SOS PEI-ICF

Esempio vuoto della Scuola secondaria di 1° e 2° grado

5. Interventi per il/la bambino/a: obiettivi educativi e didattici, strumenti, strategie e modalità

A. Dimensione: RELAZIONE / INTERAZIONE / SOCIALIZZAZIONE

> si faccia riferimento alla sfera affettivo-relazionale, considerando l'area del sé, il rapporto con gli altri, la motivazione verso la relazione consapevole, anche con il gruppo dei pari, le interazioni con gli adulti di riferimento nel contesto scolastico, la motivazione all'apprendimento

OBIETTIVI, specificando anche gli esiti attesi	
INTERVENTI DIDATTICI E METODOLOGICI, STRATEGIE E STRUMENTI finalizzati al raggiungimento degli obiettivi	
VERIFICA (metodi, criteri e strumenti utilizzati per verificare se gli obiettivi sono stati raggiunti)	

SOS PEI-ICF

SEZIONE 5 - DIMENSIONE A

Esempio compilato della Scuola dell'infanzia e primaria

5. Interventi per il/la bambino/a: obiettivi educativi e didattici, strumenti, strategie e modalità

A. Dimensione: RELAZIONE / INTERAZIONE / SOCIALIZZAZIONE

> si faccia riferimento alla sfera affettivo-relazionale, considerando l'area del sé, il rapporto con gli altri, la motivazione verso la relazione consapevole, anche con il gruppo dei pari, le interazioni con gli adulti di riferimento nel contesto scolastico, la motivazione all'apprendimento

OBIETTIVI

Obiettivi	*Esiti attesi*
Conoscere i compagni	Identificare su richiesta almeno 15 nomi dei compagni sui 20 totali

INTERVENTI DIDATTICI e METODOLOGICI

Attività	*Strategie e strumenti*
• Attività di piccolo gruppo: osservazione di foto dei compagni • Appello fotografico (presentarsi con il proprio nome e foto)	• Utilizzare supporti visivi per associare il viso al nome • Foto plastificate dei bambini, cartellone, velcro

Esempio compilato della Scuola secondaria di 1° e 2° grado

5. Interventi per il/la bambino/a: obiettivi educativi e didattici, strumenti, strategie e modalità

A. Dimensione: RELAZIONE / INTERAZIONE / SOCIALIZZAZIONE

> si faccia riferimento alla sfera affettivo-relazionale, considerando l'area del sé, il rapporto con gli altri, la motivazione verso la relazione consapevole, anche con il gruppo dei pari, le interazioni con gli adulti di riferimento nel contesto scolastico, la motivazione all'apprendimento

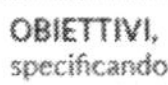

OBIETTIVI, specificando anche gli esiti attesi	- Chiedere ed accettare l'aiuto dei compagni e/o dell'insegnante nei momenti di difficoltà - Da fare almeno 5 volte alla settimana
INTERVENTI DIDATTICI E METODOLOGICI, STRATEGIE E STRUMENTI finalizzati al raggiungimento degli obiettivi	- Progetto TUTOR - Attività didattiche strutturate con difficoltà crescente - Strategia dell'apprendimento senza errori
VERIFICA (metodi, criteri e strumenti utilizzati per verificare se gli obiettivi sono stati raggiunti)	Griglia di osservazione sistematica sui comportamenti in classe

Esempio compilato della Scuola dell'infanzia e primaria

5. Interventi per il/la bambino/a: obiettivi educativi e didattici, strumenti, strategie e modalità

B. Dimensione: COMUNICAZIONE / LINGUAGGIO

> si faccia riferimento alla competenza linguistica, intesa come comprensione del linguaggio orale, produzione verbale e relativo uso comunicativo del linguaggio verbale o di linguaggi alternativi o integrativi; si consideri anche la dimensione comunicazionale, intesa come modalità di interazione, presenza e tipologia di contenuti prevalenti, utilizzo di mezzi privilegiati

OBIETTIVI

Obiettivi	*Esiti attesi*
Aumentare il vocabolario in riferimento alle azioni	Riconoscere e denominare almeno 15 azioni su 20 su richiesta

INTERVENTI DIDATTICI e METODOLOGICI

Attività	*Strategie e strumenti*
• Costruzione del "libro delle azioni" • Osservazioni di immagini che indicano azioni comuni • Eseguire azioni comuni (es. sedersi, camminare, bere, mangiare, etc) dietro presentazioni di immagini	• Utilizzo di supporti visivi bidimensionali per favorire l'associazione tra la parola e l'azione • Foto dell'alunno e dei compagni mentre svolgono le azioni comuni • Quadernone ad anelli

Esempio compilato della Scuola secondaria di 1° e 2° grado

5. Interventi per il/la bambino/a: obiettivi educativi e didattici, strumenti, strategie e modalità

B. Dimensione: COMUNICAZIONE / LINGUAGGIO

> si faccia riferimento alla competenza linguistica, intesa come comprensione del linguaggio orale, produzione verbale e relativo uso comunicativo del linguaggio verbale o di linguaggi alternativi o integrativi; si consideri anche la dimensione comunicazionale, intesa come modalità di interazione, presenza e tipologia di contenuti prevalenti, utilizzo di mezzi privilegiati

OBIETTIVI, specificando anche gli esiti attesi	- Comprendere messaggi verbali attivando strategie di risposta adeguate al contesto, nelle azioni e nelle parole - Sostenere almeno uno scambio comunicativo al giorno con alcuni compagni indicati di volta in volta
INTERVENTI DIDATTICI E METODOLOGICI, STRATEGIE E STRUMENTI finalizzati al raggiungimento degli obiettivi	• Video-modeling (apprendimento imitativo) • Role playing (simulazione di una situazione reale
VERIFICA (metodi, criteri e strumenti utilizzati per verificare se gli obiettivi sono stati raggiunti)	Check/list su conversazioni guidate (ritmo, reciprocità)

Esempio compilato della Scuola dell'infanzia e primaria

5. Interventi per il/la bambino/a: obiettivi educativi e didattici, strumenti, strategie e modalità

C. Dimensione: AUTONOMIA / ORIENTAMENTO

> si faccia riferimento all'autonomia della persona e all'autonomia sociale, alle dimensioni motorio-prassica (motricità globale, motricità fine, prassie semplici e complesse) e sensoriale (funzionalità visiva, uditiva, tattile)

OBIETTIVI

Obiettivi	*Esiti attesi*
Riconoscere i pericoli attraverso la guida degli adulti	Non mettere in atto comportamenti rischiosi e non avere incidenti

INTERVENTI DIDATTICI e METODOLOGICI

Attività	*Strategie e strumenti*
• Attività di osservazione di immagini che si riferiscono a pericoli (fiamma, stop, teschio, etc.) • Esplorazione guidata dell'ambiente per riconoscere i pericoli (cavi elettrici, scale, vetrate, etc.)	• Modeling (imitazione di comportamenti osservando i compagni) • Immagini dei vari pericoli presenti nella scuola

Esempio compilato della Scuola secondaria di 1° e 2° grado

5. Interventi per il/la bambino/a: obiettivi educativi e didattici, strumenti, strategie e modalità

C. Dimensione: AUTONOMIA / ORIENTAMENTO

> si faccia riferimento all'autonomia della persona e all'autonomia sociale, alle dimensioni motorio-prassica (motricità globale, motricità fine, prassie semplici e complesse) e sensoriale (funzionalità visiva, uditiva, tattile)

OBIETTIVI, specificando anche gli esiti attesi	• Gestire i rapporti con i compagni in autonomia • Per almeno 3 volte a settimana si coinvolge nel gruppo durante l'intervallo
INTERVENTI DIDATTICI E METODOLOGICI, STRATEGIE E STRUMENTI finalizzati al raggiungimento degli obiettivi	• Partecipare a lavori cooperativi (ricerche, mappe, riassunti, cartelloni) incentrati soprattutto sugli interessi dello studente • Mediazione dell'insegnante con graduale disimpegno dal gruppo
VERIFICA (metodi, criteri e strumenti utilizzati per verificare se gli obiettivi sono stati raggiunti)	Griglia di osservazione trimestrale

SEZIONE 5 - DIMENSIONE C

Esempio compilato della Scuola dell'infanzia e primaria

5. Interventi per il/la bambino/a: obiettivi educativi e didattici, strumenti, strategie e modalità

D. Dimensione: NEUROPSICOLOGICA, COGNITIVA e DELL' APPRENDIMENTO

> capacità mnesiche, intellettive e organizzazione spazio-temporale; livello di sviluppo raggiunto in ordine alle strategie utilizzate per la risoluzione di compiti propri per la fascia di età, agli stili cognitivi, alla capacità di integrare competenze diverse per la risoluzione di compiti, alle competenze di lettura, scrittura, calcolo, decodifica di testi o messaggi.

OBIETTIVI

Obiettivi	*Esiti attesi*
Esercitare la memoria di lavoro in situazioni di gioco e di apprendimento	- Ricordare le regole di due giochi da tavolo - Ricordare almeno UNA poesia / canzone / filastrocca al mese

INTERVENTI DIDATTICI e METODOLOGICI

Attività	*Strategie e strumenti*
• Costruire il cartellone delle regole dei giochi da tavolo • Ripetizione in piccolo gruppo della poesia / filastrocca / canzone	• Visualizzare le regole e le poesie / canzoni / filastrocche attraverso il programma ARAWORD (CAA)

Esempio compilato della Scuola secondaria di 1° e 2° grado

5. Interventi per il/la bambino/a: obiettivi educativi e didattici, strumenti, strategie e modalità

D. Dimensione: NEUROPSICOLOGICA, COGNITIVA e DELL' APPRENDIMENTO

> capacità mnesiche, intellettive e organizzazione spazio-temporale; livello di sviluppo raggiunto in ordine alle strategie utilizzate per la risoluzione di compiti propri per la fascia di età, agli stili cognitivi, alla capacità di integrare competenze diverse per la risoluzione di compiti, alle competenze di lettura, scrittura, calcolo, decodifica di testi o messaggi.

OBIETTIVI, specificando anche gli esiti attesi	Leggere un testo composto da tre frasi -> almeno un testo diverso al giorno
INTERVENTI DIDATTICI E METODOLOGICI, STRATEGIE E STRUMENTI finalizzati al raggiungimento degli obiettivi	• Utilizzare testi che riguardano l'interesse dello studente (es. macchine e navi) • Utilizzare e riadattare riviste di settore
VERIFICA (metodi, criteri e strumenti utilizzati per verificare se gli obiettivi sono stati raggiunti)	Verifiche settimanali composte da domande a scelta multipla con immagini e domande tipo CLOZE

SEZIONE 6.

Per la **sezione 6,** il modello di PEI prevede un unico campo aperto non strutturato, che le scuole possono compilare con flessibilità massima, tenendo conto di esigenze, conoscenze ed esperienze maturate rispetto alla prospettiva bio-psico-sociale alla base della classificazione ICF.

Le **osservazioni sul contesto**, dunque, vanno effettuate dai docenti della sezione/classe tenendo conto della prospettiva bio-psico-sociale, al fine di individuare tutti gli elementi che rappresentano **barriere da rimuovere** e **facilitatori da valorizzare** nella progettazione degli interventi educativi e didattici, al fine di creare un ambiente inclusivo che si descriverà in base alle esigenze dello studente certificato. La descrizione del contesto scolastico va effettuata tenendo conto di questi 3 elementi:

Ambiente fisico:

- accessibilità degli spazi (scale, barriere, etc.)
- disponibilità delle attrezzature (tecnologie, giochi, attrezzi per educazione motoria, etc.)

Contesto sociale:

- relazione tra gli insegnanti (armonia, spirito di squadra o delega a insegnanti di sostegno)
- gruppo dei pari (gruppo accogliente, inclusivo o meno)

Atteggiamenti:

- opinioni e convinzioni di insegnanti, dirigenza, assistenti e operatori riguardanti la diagnosi dello studente

6. Osservazioni sul contesto: barriere e facilitatori

Osservazioni nel contesto scolastico con indicazione delle barriere e dei facilitatori a seguito dell'osservazione sistematica del bambino o della bambina e della sezione

Revisione Data:________________

Specificare i punti oggetto di eventuale revisione

SOS PEI-ICF

Nel profilo di funzionamento il rappresentante scolastico insieme all'Unità di Valutazione Multidisciplinare (UVM) devono valutare i fattori ambientali presenti nel contesto scolastico in base a questa tabella:

GRADUAZIONE DELL'EFFETTO DEI FATTORI AMBIENTALI		IMPATTO SULLO SVOLGIMENTO DELLE ATTIVITÀ
PRESENZA ED EFFETTO	SIGNIFICATO	
NON PRESENTI E NON NECESSARI	Salute del soggetto	Il soggetto svolge una determinata attività senza difficoltà e senza necessità di supporti, di servizi, diprodotti o tecnologie.
PRESENTI ED EFFICACI	FACILITATORE importante	Il soggetto viene supportato da fattori ambientali utili e accettati/approvati/tollerati, che fanno sì che le attività siano svolte senza difficoltà.
PRESENTI E PARZIALMENTE EFFICACI	FACILITATORE non sufficiente	Il soggetto viene supportato da fattori ambientali utili accettati/approvati/tollerati, ma le attività sono svolte ancora con qualche difficoltà.
PRESENTI E NON EFFICACI	BARRIERA elevata	Il soggetto viene supportato da fattori ambientali teoricamente utili, ma che il soggetto non accetta/approva/tollera/, con il risultato che le attività sono svolte con difficoltà.
NON PRESENTI MA NECESSARI	BARRIERA molto elevata	Il soggetto non ha ancora a disposizione fattori ambientali che sarebbero utili per migliorare leperformance, con il risultato che le attività sono svolte con difficoltà.
PRESENTI E NON NECESSARI	BARRIERA media	Il soggetto dispone di risorse eccedenti le sue necessità; il soggetto può farcela senza fattori ambientali; i fattori ambientali presenti ostacolanoil fare da sé, con il risultato che le attività sono svolte con difficoltà.

SEZIONE 7.

Questa sezione è complementare a quella precedente perché si definiscono le strategie di intervento relative alle barriere riportate nella **sezione 6**; il GLO definisce, quindi, tutti gli interventi da attivare per realizzare un efficace ambiente di apprendimento inclusivo, valorizzando i facilitatori e rimuovendo le barriere individuate.
Nella sezione, dunque, vanno riportati le strategie organizzative o supporti compensativi per favorire il successo del progetto di inclusione.

Esempio pratico di una bambina con spettro autistico:

- nella **sezione 6** si evidenzia una barriera: nell'aula è presente un rimbombo e un forte eco che infastidiscono l'alunna
- nella **sezione 7** ci si focalizza sui rimedi indicando l'acquisto dei pannelli fonoassorbenti da attaccare alle pareti, che potrebbero ridurre il frastuono all'interno della classe.

Gli interventi possono riguardare anche la didattica e quindi l'elenco di strumenti didattici inclusivi quali: esperimenti, slide, LIM (lavagna interattiva multimediale), role-playing, etc.

7. Interventi sul contesto per realizzare un ambiente di apprendimento inclusivo

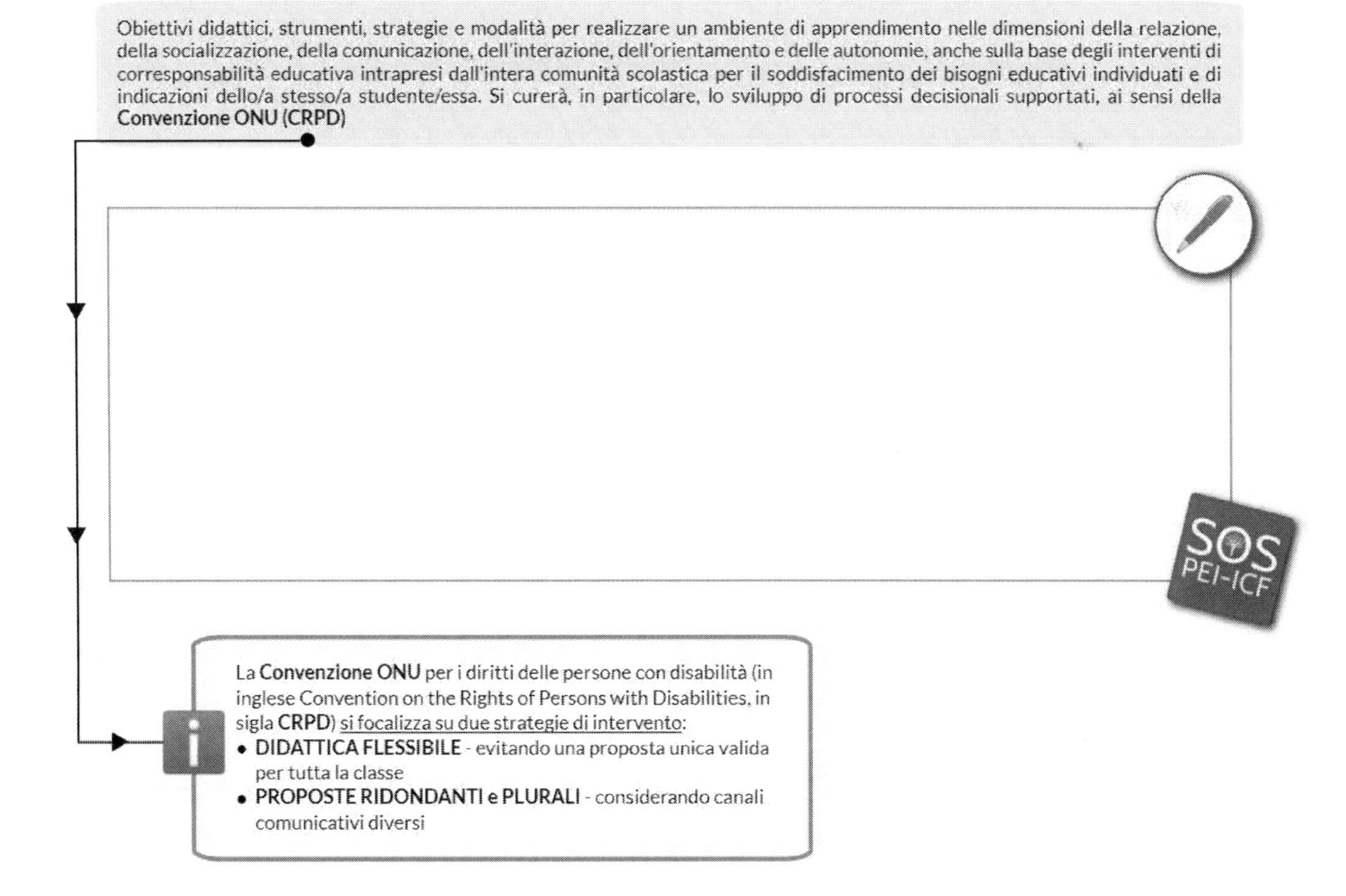

SEZIONE 8.

In questa sezione, che varia a seconda dei gradi scolastici, vanno inseriti gli interventi previsti per una programmazione didattica personalizzata che terrà quindi conto delle esigenze educative e didattiche dell'alunno/a e che andrà a ridefinire quello che è il curricolo elaborato all'interno dell'istituzione scolastica.

Sarà necessario, quindi, considerare tutte le diverse componenti del processo:

- CONTENUTI
- METODI
- ATTORI
- TEMPI
- LUOGHI
- MODALITÀ
- CRITERI DI VERIFICA E VALUTAZIONE

Gli Interventi educativi, strategie e strumenti saranno adattati ad ogni ordine e grado della scuola, così come la valutazione che è riferita prioritariamente all'efficacia degli interventi e non solo al raggiungimento degli obiettivi previsti da parte della bambina e del bambino, dell'alunna e dell'alunno.

La Sezione 8 si conclude con i campi **Revisione**, che permette di segnalare eventuali modifiche in base a un monitoraggio *in itinere* (verifiche intermedie), e **Verifica conclusiva degli esiti** per tutti gli ordini di scuola da compilare entro fine giugno.

Nel **campo 8.1 (tabella seguente)** è possibile esplicitare come la programmazione personalizzata si integri con quella della sezione, in modo coerente con gli obiettivi educativi e gli interventi specifici definiti nella Sezione 5.

In questa sezione bisogna, sostanzialmente, indicare ***come*** viene utilizzato il sostegno e che tipo di strategie sono adottate; quali sono le modalità di sostegno educativo e gli ulteriori interventi di inclusione; come si organizza la didattica in assenza dell'insegnante di sostegno; di cosa si occupa e quanto è presente, di cosa si occupa e quanto è presente l'educatore.

>> **Scuola dell'Infanzia**

Vanno qui riportati gli interventi educativi, strategie e strumenti previsti nei diversi campi di esperienza. Qualora il bambino possa partecipare a tutte le attività previste, sia nel curricolo implicito che in quello proprio dei campi di esperienza, vanno descritti soltanto gli eventuali adattamenti utili a livello generale o per specifiche attività.

Qualora, invece, per assicurare la partecipazione del bambino, siano necessari interventi di personalizzazione, gli stessi vanno descritti, a meno che non siano stati già inseriti nella sezione 5, in riferimento alle dimensioni previste nel Profilo di Funzionamento.
In tal caso, è sufficiente fornire un richiamo alla predetta sezione 5.

Questa la sezione nel PEI relativa alla **Scuola dell'infanzia**

8. Intervento sul percorso curriculare

8.1 Interventi educativi, strategie, strumenti nei diversi campi di esperienza

Modalità di sostegno educativo e ulteriori interventi di inclusione

Cosa indicare? Quali sono le strategie generali che tutti le insegnanti dovrebbero conoscere e attuare in caso di assenza dell'insegnante di sostegno?

Revisione Data:________________

Specificare i punti oggetto di eventuale revisione	Cosa fare? Da compilare in seguito alle verifiche intermedie

Verifica conclusiva degli esiti Data:________________

Con verifica dei risultati educativi conseguiti e valutazione sull'efficacia di interventi, strategie e strumenti riferiti anche all'ambiente di apprendimento *N.B.: la valutazione finale degli apprendimenti è di competenzadi tutti I docenti della sezione*	Cosa fare? Da compilare entro fine giugno

Questa la sezione nel PEI relativa al **ciclo primaria e secondaria 1° grado**

8. Intervento sul percorso curriculare

8.1 Interventi educativi, strategie, strumenti nei diversi campi di esperienza

Modalità di sostegno educativo e ulteriori interventi di inclusione

Nel riquadro 8.1 vanno descritti gli **interventi attivati per tutte le discipline, le strategie e gli strumenti necessari, nonché una sintetica definizione delle eventuali modalità di verifica personalizzate.** Tali modalità di verifica possono essere esplicitate anche in modo più dettagliato, in relazione alla progettazione disciplinare.

È opportuno anche indicare gli interventi di personalizzazione riguardanti gli apprendimenti didattici dove l'attenzione si focalizza su competenze trasversali e strumentali di tipo metacognitivo, riferite a capacità e metodo di studio. È, inoltre, necessario riportare chiaramente le modalità di utilizzo della risorsa del sostegno di classe (docente sostegno) e quali azioni sono previste da parte del team docenti in assenza della medesima, coerentemente con quanto va riportato nella Sezione 9 – Organizzazione generale del progetto di inclusione e utilizzo delle risorse.

■ 8.2 PROGETTAZIONE DISCIPLINARE

Nei Pei della scuola **primaria** e **secondaria di primo grado** questa parte va compilata **soltanto** per le discipline/aree disciplinari per le quali è prevista una progettazione personalizzata e in questo caso devono essere esplicitati e i collegamenti tra gli obiettivi educativi trasversali (riportati nella sezione 5) e gli obiettivi di apprendimento che devono essere definiti con chiarezza;

TABELLA 8.2 – PRIMARIA

8.2 Progettazione disciplinare (1)

Disciplina/Area disciplinare:	Rispetto alla progettazione didattica della classe, sono applicate le seguenti personalizzazioni in relazione agli obiettivi di apprendimento (conoscenze, abilità, traguardi di competenze), alle strategie e metodologie didattiche, alle modalità di verifica e ai criteri di valutazione
Disciplina/Area disciplinare: _______________	Rispetto alla progettazione didattica della classe, sono applicate le seguenti personalizzazioni in relazione agli obiettivi di apprendimento (conoscenze, abilità, traguardi di competenze), alle strategie e metodologie didattiche, alle modalità di verifica e ai criteri di valutazione _______________
Disciplina/Area disciplinare: _______________	Rispetto alla progettazione didattica della classe, sono applicate le seguenti personalizzazioni in relazione agli obiettivi di apprendimento (conoscenze, abilità, traguardi di competenze), alle strategie e metodologie didattiche, alle modalità di verifica e ai criteri di valutazione _______________

(1) Compilare soltanto per le discipline/aree disciplinari per le quali è prevista una progettazione personalizzata.

TABELLA 8.2 - SECONDARIA 1° GRADO

8.2 Progettazione disciplinare (1)
Interventi educativo-didattici, strategie, strumenti nelle diverse discipline/aree disciplinari
(Anche nel caso in cui le discipline siano aggregate in aree disciplinari, la valutazione degli apprendimenti è sempre espressa per ciascuna disciplina)

Disciplina/Area disciplinare: _______________	☐ A - Segue la progettazione didattica della classe e si applicano gli stessi criteri di valutazione ☐ B - Rispetto alla progettazione didattica della classe sono applicate le seguenti personalizzazioni in relazione agli obiettivi di apprendimento (conoscenze, abilità, traguardi di competenze), alle strategie e alle metodologie didattiche, alle modalità di verifica e ai criteri di valutazione _______________
Disciplina/Area disciplinare: _______________	☐ A - Segue la progettazione didattica della classe e si applicano gli stessi criteri di valutazione ☐ B - Rispetto alla progettazione didattica della classe sono applicate le seguenti personalizzazioni in relazione agli obiettivi di apprendimento (conoscenze, abilità, traguardi di competenze), alle strategie e alle metodologie didattiche, alle modalità di verifica e ai criteri di valutazione _______________
Disciplina/Area disciplinare: _______________	☐ A - Segue la progettazione didattica della classe e si applicano gli stessi criteri di valutazione ☐ B - Rispetto alla progettazione didattica della classe sono applicate le seguenti personalizzazioni in relazione agli obiettivi di apprendimento (conoscenze, abilità, traguardi di competenze), alle strategie e alle metodologie didattiche, alle modalità di verifica e ai criteri di valutazione _______________

(1) Compilare soltanto per le discipline/aree disciplinari per le quali è prevista una progettazione personalizzata

NO ESONERO

Nel Decreto interministeriale 153 il comma 2 lettera d) dell'articolo 10 del DI n. 182 viene **soppresso** in quanto **non** è più previsto **l'esonero disciplinare.** Il Decreto riporta: "esclusa la possibilità per studenti con PEI iscritti alla Scuola Secondaria di Secondo grado di ottenere "*l'****esonero*** *dall'insegnamento di una o più discipline presenti nel piano di studi* "

■ TABELLA 8.2 - SECONDARIA 2° GRADO

8.2 Progettazione disciplinare

Disciplina: ____________	☐ A – Segue la progettazione didattica della classe e si applicano gli stessi criteri di valutazione ☐ B – Rispetto alla progettazione didattica della classe sono applicate le seguenti personalizzazioni in relazione agli obiettivi specifici di apprendimento (conoscenze, abilità, competenze), alle strategie, alle metodologie didattiche, alle modalità di verifica e ai criteri di valutazione: ... con verifiche identiche [ ] equipollenti [ ] ☐ C – Segue un percorso didattico differenziato con verifiche [ ] non equipollenti [indicare la o le attività alternative svolte in caso di differenziazione della didattica..................]
Disciplina: ____________	☐ A – Segue la progettazione didattica della classe e si applicano gli stessi criteri di valutazione ☐ B – Rispetto alla progettazione didattica della classe sono applicate le seguenti personalizzazioni in relazione agli obiettivi specifici di apprendimento (conoscenze, abilità, competenze), alle strategie, alle metodologie didattiche, alle modalità di verifica e ai criteri di valutazione: ... con verifiche identiche [ ] equipollenti [ ] ☐ C – Segue un percorso didattico differenziato con verifiche [ ] non equipollenti [indicare la o le attività alternative svolte in caso di differenziazione della didattica..................]

[...]

Per ogni disciplina andrà indicata, la lettera A, se l'alunno segue lo stesso percorso della classe; la B, se invece, raggiunge gli *obiettivi minimi* e farà delle verifiche equipollenti; o la lettera C se segue un programma personalizzato e individualizzato, con altro tipo di verifiche.

IMPORTANTE! - Bisogna specificare che, per quanto riguarda l'ultimo anno, per poter conseguire il diploma, è necessario avere A o B in tutte le discipline; se anche in una sola disciplina si ha C, non si può ottenere il diploma, ma l'attestato: mentre nel corso dei cinque anni, si può passare da A, a B, a C, al momento del diploma l'alunno deve essere in grado di superare le verifiche almeno equipollenti in tutte le discipline.

Al D.l n.182 si aggiunge l'articolo 10bis, intitolato "*Esami integrativi per gli alunni con disabilità frequentanti scuole secondarie di secondo grado*"; per gli alunni con disabilità che seguono percorsi didattici differenziati nelle scuole secondarie di secondo grado è ammessa, su richiesta delle famiglie o di chi esercita la responsabilità genitoriale, la possibilità di rientrare in un percorso didattico personalizzato con verifiche equipollenti alle seguenti condizioni:

a) superamento di prove integrative, relative alle discipline e ai rispettivi anni di corso durante i quali è stato seguito un percorso differenziato, nel caso di parere contrario del consiglio di classe con decisione assunta a maggioranza;
b) senza il previo superamento di prove integrative, nel caso di parere favorevole del consiglio di classe con decisione assunta a maggioranza.

8.3 Criteri di valutazione del comportamento ed eventuali obiettivi specifici

In questa sezione c'è il riquadro sul comportamento da compilare (8.3) si seleziona la lettera A, quando l'alunno **non ha** problemi comportamentali; nel caso in cui ci fossero difficoltà, si dovrà indicare la lettera B, esplicitando gli obiettivi e i criteri diversi.

Sempre in questa sezione, troviamo il riquadro per l'alternanza scuola-lavoro:

- A, se l'alunno segue un percorso aziendale;
- B, se l'alunno resta in ambito scolastico (es. bar o biblioteca della scuola) se ne indicheranno i tutor, gli obiettivi, i tempi e le modalità etc.;
- C, per altra tipologia: per esempio, se frequenta un centro diurno o una casa delle autonomie.

8.3 Percorsi per le competenze trasversali e l'orientamento (a partire dalla classe 3°)

Tipologia di percorso per le competenze trasversali e l'orientamento

A - PERCORSO AZIENDALE	ESTREMI DELLA CONVENZIONE STIPULATA: ______ NOME E TIPOLOGIA AZIENDA: ______ TUTOR AZIENDALE (ESTERNO): ______ TUTOR SCOLASTICO (INTERNO, se diverso dal docente di sostegno): ______ DURATA E ORGANIZZAZIONE TEMPORALE DEL PERCORSO: ______
B - PERCORSO SCOLASTICO	FIGURE COINVOLTE e i loro compiti: ______ DURATA E ORGANIZZAZIONE TEMPORALE DEL PERCORSO: ______
C - ALTRA TIPOLOGIA DI PERCORSO	______

SOS PEI-ICF

SEZIONE 9.

La sezione 9 del PEI presenta un prospetto riepilogativo dal quale desumere l'organizzazione generale del progetto di inclusione; nello specifico, si chiede di descrivere come viene organizzato il predetto progetto delineato nelle precedenti sezioni del Piano, in particolare come vengono utilizzate le risorse assegnate o disponibili, anche in vista di una responsabile e motivata definizione del fabbisogno di sostegno didattico e delle altre figure professionali.

La sezione 9 si articola in tre tabelle:

1. una relativa all'**orario settimanale**
2. un'altra **informativa**, ove inserire quelle informazioni necessarie a definire nel dettaglio le esigenze e le scelte operate dal GLO
3. un'altra ancora sugli eventuali **interventi e attività extrascolastiche**.

Queste le informazioni richieste nelle citate tabelle:

- la presenza dell'insegnante per le attività di sostegno, specificando le ore settimanali;
- le risorse destinate agli interventi di assistenza igienica e di base;
- le risorse professionali destinate all'assistenza per l'autonomia e/o per la comunicazione;
- eventuali altre risorse professionali presenti nella scuola o nella classe;
- gli interventi previsti per consentire all'alunno di partecipare alle uscite didattiche, visite guidate e viaggi di istruzione organizzati per la classe;
- le strategie per la prevenzione e l'eventuale gestione di comportamenti problematici;
- le attività o i progetti per l'inclusione rivolti alla classe;
- le modalità di svolgimento del servizio di trasporto scolastico;
- eventuali interventi e attività extrascolastiche attive, anche di tipo informale, con la specifica degli obiettivi perseguiti e gli eventuali raccordi con il PEI.

Quali cambiamenti ha portato il D.Lgs n.66/2017?

NON ESISTEVA UN MODELLO PEI UNICO NAZIONALE

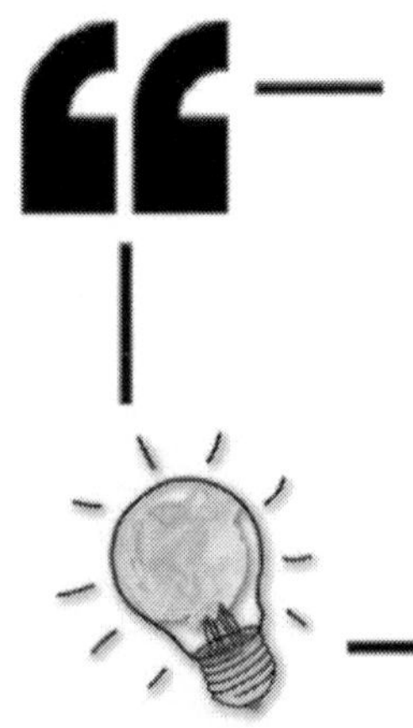

La "riduzione" dell'orario scolastico può essere fatta **solo** per eccezionali e documentate esigenze **sanitarie*** (art. 13 comma 2 lettera a, DM 153/2023) **su richiesta della famiglia e degli specialisti sanitari** (IMPORTANTE!!! quindi non più l'uno o l'altro soltanto), in accordo con la scuola, indicando le motivazioni.

*Il termine **sanitarie** ha una valenza generica e non si riferisce solo alle ore di terapie che l'alunno segue presso le strutture sanitarie riabilitative. Può essere un'esigenza sanitaria ad esempio la difficoltà dell'alunno, con le caratteristiche dello Spettro dell'Autismo, di entrare la mattina alla stessa ora degli altri a causa della confusione e del rumore prodotto (dovuta alle sue particolarità sensoriali uditive). Può essere utile, quindi, posticipare l'entrata 30/60 minuti più tardi.

Si precisa che non è possibile ridurre l'orario scolastico perché l'alunno non ha la copertura sufficiente didattica e/o assistenziale (ad es. non è possibile far uscire prima l'alunno perché in quelle ore manca l'insegnante di sostegno). Questo sarebbe una lesione al diritto costituzionale all'istruzione dell'alunno.

Quali cambiamenti ha portato il D.Lgs n.66/2017?

IL PROGRESSIVO SUPERAMENTO DELLE "VECCHIE" DOCUMENTAZIONI UTILIZZATE PER LE "CERTIFICAZIONI DI DISABILITÀ" IN FAVORE DI UN NUOVO ITER DI CERTIFICAZIONE DELLE DISABILITÀ FONDATO SULL'APPROCCIO BIO-PSICO-SOCIALE DELL'ICF (OMS, 2001)

SEZIONE 10.

Questa sezione riguarda la **Certificazione delle Competenze** con eventuali note esplicative che terrà conto del PEI ed è prevista al **termine della classe quinta della Scuola Primaria**, della **classe terza della Scuola Secondaria di 1° grado** e alla fine della **classe seconda della Scuola Secondaria di 2° grado**.

Certificare le competenze spetta al *team docenti* e al *consiglio di classe* e **non** al GLO; in questa sezione del PEI è possibile definire le note esplicative da inserire nella certificazione, riguardanti:

- **la scelta delle competenze effettivamente certificabili**, nel caso di una progettazione didattica personalizzata;
- **la personalizzazione dei descrittori previsti per ciascuna competenza**, selezionando e/o modificando quelli che siano stati effettivamente considerati ai fini del raggiungimento della stessa;
- **la personalizzazione dei giudizi descrittivi dei livelli**, al fine di delineare con chiarezza il livello raggiunto per ciascuna competenza.

Nel caso in cui il modello di certificazione nazionale risulti assolutamente non compatibile con il PEI, lo stesso modello può essere lasciato in bianco, motivando la scelta nelle annotazioni e definendo lì i livelli di competenza effettivamente rilevabili. Ricordiamo che la certificazione delle competenze viene redatta in sede di scrutinio finale e rilasciata agli alunni della scuola primaria al termine della classe quinta e agli alunni della classe terza della scuola secondaria che superano l'esame.

10. Certificazione delle competenze con eventuali note esplicative (D.M. 742/2017)

(modello identico sia per gli alunni/e in uscita dalle classi quinte della primaria, dalle classi terze della sec. 1° grado e seconde della sec. 2° grado)

Competenze chiave europee	Competenze dal profilo dello studente al termine del ciclo di istruzione

NOTE ESPLICATIVE

SOS PEI-ICF

COMPETENZE CHIAVE EUROPEE

GRADO SCOLASTICO: PRIMARIA

RITA CENTRA

LEGENDA

LIVELLO		INDICATORI ESPLICATIVI
A	Avanzato	L'alunno/a svolge compiti e risolve problemi complessi, mostrando padronanza nell'uso delle conoscenze e delle abilità; propone e sostiene le proprie opinioni e assume in modo responsabile decisioni consapevoli.
B	Intermedio	L'alunno/a svolge compiti e risolve problemi in situazioni nuove, compie scelte consapevoli, mostrando di saper utilizzare le conoscenze e le abilità acquisite.
C	Base	L'alunno/a svolge compiti semplici anche in situazioni nuove, mostrando di possedere conoscenze e abilità fondamentali e di saper applicare basilari regole e procedure apprese
D	Iniziale	L'alunno/a, se opportunamente guidato/a, svolge compiti semplici in situazioni note.

8 COMPETENZE CHIAVE EUROPEE	COMPETENZE DAL PROFILO DELLO STUDENTE AL TERMINE DEL PRIMO CICLO DI ISTRUZIONE	LIVELLO
1 Comunicazione nella madrelingua o lingua di istruzione	Ha una padronanza della lingua italiana che gli consente di comprendere enunciati, di raccontare le proprie esperienze e di adottare un registro linguistico appropriato alle diverse situazioni.	
2 Comunicazione nella lingua straniera	È in grado di sostenere in lingua inglese una comunicazione essenziale in semplici situazioni di vita quotidiana.	
3 Competenza matematica e competenze di base in scienza e tecnologia	Utilizza le sue conoscenze matematiche e scientifico-tecnologiche per trovare e giustificare soluzioni a problemi reali.	
4 Competenze digitali	Usa con responsabilità le tecnologie in contesti comunicativi concreti per ricercare informazioni e per interagire con altre persone, come supporto alla creatività e alla soluzione di problemi semplici.	
5 Imparare ad imparare	Possiede un patrimonio di conoscenze e nozioni di base ed è in grado di ricercare nuove informazioni. Si impegna in nuovi apprendimenti anche in modo autonomo.	
6 Competenze sociali e civiche	Ha cura e rispetto di sé, degli altri e dell'ambiente. Rispetta le regole condivise e collabora con gli altri. Si impegna per portare a compimento il lavoro iniziato, da solo o insieme agli altri.	
7 Spirito di iniziativa*	Dimostra originalità e spirito di iniziativa. È in grado di realizzare semplici progetti. Si assume le proprie responsabilità, chiede aiuto quando si trova in difficoltà e sa fornire aiuto a chi lo chiede.	
8 Consapevolezza ed espressione culturale	Si orienta nello spazio e nel tempo, osservando e descrivendo ambienti, fatti, fenomeni e produzioni artistiche.	
	Riconosce le diverse identità, le tradizioni culturali e religiose in un'ottica di dialogo e di rispetto reciproco.	
	In relazione alle proprie potenzialità e al proprio talento si esprime negli ambiti che gli sono più congeniali: motori, artistici e musicali.	

** Sense of initiative and entrepreneurship nella Raccomandazione europea e del Consiglio del 18 dicembre 2006*

COMPETENZE CHIAVE EUROPEE

GRADO SCOLASTICO: SEC. 1° GRADO

RITA CENTRA

LEGENDA

LIVELLO		INDICATORI ESPLICATIVI
A	Avanzato	L'alunno/a svolge compiti e risolve problemi complessi, mostrando padronanza nell'uso delle conoscenze e delle abilità; propone e sostiene le proprie opinioni e assume in modo responsabile decisioni consapevoli.
B	Intermedio	L'alunno/a svolge compiti e risolve problemi in situazioni nuove, compie scelte consapevoli, mostrando di saper utilizzare le conoscenze e le abilità acquisite.
C	Base	L'alunno/a svolge compiti semplici anche in situazioni nuove, mostrando di possedere conoscenze e abilità fondamentali e di saper applicare basilari regole e procedure apprese
D	Iniziale	L'alunno/a, se opportunamente guidato/a, svolge compiti semplici in situazioni note.

8 COMPETENZE CHIAVE EUROPEE	COMPETENZE DAL PROFILO DELLO STUDENTE AL TERMINE DEL PRIMO CICLO DI ISTRUZIONE	LIVELLO
1 Comunicazione nella madrelingua o lingua di istruzione	Ha una padronanza della lingua italiana che gli consente di comprendere e produrre enunciati e testi di una certa complessità, di esprimere le proprie idee, di adottare un registro linguistico appropriato alle diverse situazioni.	
2 Comunicazione nelle lingue straniere	È in grado di esprimersi in lingua inglese a livello elementare (A2 del Quadro Comune Europeo di Riferimento) e, in una seconda lingua europea, di affrontare una comunicazione essenziale in semplici situazioni di vita quotidiana. Utilizza la lingua inglese anche con le tecnologie dell'informazione e della comunicazione.	
3 Competenza matematica e competenze di base in scienza e tecnologia	Utilizza le sue conoscenze matematiche e scientifico-tecnologiche per analizzare dati e fatti della realtà e per verificare l'attendibilità di analisi quantitative proposte da altri. Utilizza il pensiero logico-scientifico per affrontare problemi e situazioni sulla base di elementi certi. Ha consapevolezza dei limiti delle affermazioni che riguardano questioni complesse.	
4 Competenze digitali	Utilizza con consapevolezza e responsabilità le tecnologie per ricercare, produrre ed elaborare dati e informazioni, per interagire con altre persone, come supporto alla creatività e alla soluzione di problemi.	
5 Imparare ad imparare	Possiede un patrimonio organico di conoscenze e nozioni di base ed è allo stesso tempo capace di ricercare e di organizzare nuove informazioni. Si impegna in nuovi apprendimenti in modo autonomo.	
6 Competenze sociali e civiche	Possiede un patrimonio organico di conoscenze e nozioni di base ed è allo stesso tempo capace di ricercare e di organizzare nuove informazioni. Si impegna in nuovi apprendimenti in modo autonomo.	
7 Spirito di iniziativa*	Ha spirito di iniziativa ed è capace di produrre idee e progetti creativi. Si assume le proprie responsabilità, chiede aiuto quando si trova in difficoltà e sa fornire aiuto a chi lo chiede. E' disposto ad analizzare se stesso e a misurarsi con le novità e gli imprevisti.	
8 Consapevolezza ed espressione culturale	Riconosce ed apprezza le diverse identità, le tradizioni culturali e religiose, in un'ottica di dialogo e di rispetto reciproco.	
	Si orienta nello spazio e nel tempo e interpreta i sistemi simbolici e culturali della società	
	In relazione alle proprie potenzialità e al proprio talento si esprime negli ambiti che gli sono più congeniali: motori, artistici e musicali.	

** Sense of initiative and entrepreneurship nella Raccomandazione europea e del Consiglio del 18 dicembre 2006*

COME PROGETTARE LA PROGRAMMAZIONE DIDATTICO DISCIPLINARE CON LE UNITÀ DI APPRENDIMENTO (UDA)

Indicazioni e modalità di raccordo

Per costruire la **progettazione inclusiva dell'intervento didattico** è necessario tenere conto di un *approccio adattivo* che possa concretizzare i bisogni particolari dell'alunno che sono emersi nell'elaborazione dalle quattro dimensioni del suo PEI pertanto **è fondamentale personalizzare l'apprendimento** ragionando sui facilitatori da considerare e le barriere da eliminare.

Ricordiamo l'importanza di identificare, ai fini della qualità della *performance* dell'allievo, i **Fattori ambientali facilitatori (o ostacolanti)** che rendono l'ambiente fisico accessibile (o inaccessibile), la disponibilità (o meno) di una tecnologia di assistenza e l'atteggiamento positivo (o negativo) del contesto scolastico (insegnanti, compagni, etc.) soprattutto perché, nel processo di inclusione, tutti devono essere coinvolti attivamente.

La realizzazione del **PEI per competenze** correlato alla programmazione annuale della classe permette alla scuola, in ottica organizzativa, di mettere in atto una efficace didattica inclusiva in grado di coinvolgere tutti gli allievi, dare il sostegno necessario ai loro bisogni educativi e fornire un orientamento scolastico (e professionale) appropriato.

Vediamo le **principali strategie** da mettere in atto:

SOSTITUZIONE

- L'obiettivo per la classe e per il ragazzo con disabilità è il medesimo
- Si sostituiscono le modalità di accesso (visive, uditive, grafiche, motorie), utilizzando tecnologie assistite e dispositivi tecnologici.

FACILITAZIONE

- L'obiettivo resta il medesimo della classe, si modificano o si introducono elementi che facilitino l'alunno nell'affrontare il lavoro. Modalità adattata per alunni che non riescono a intraprendere e a portare a termine il compito a causa di difficoltà nella sfera dell'attenzione sostenuta
- Le modifiche possono riguardare:
  - ✓ **Spazio**: la postazione di lavoro dell'alunno; lo spazio delle verifiche (attenzione all'affollamento degli esercizi, alla strutturazione delle tabelle, all'organizzazione dei cloze)
  - ✓ **Tempo**: tempo per l'esecuzione del compito, sequenza delle consegne e delle procedure
  - ✓ **Strumenti di lavoro**: tablet e relative app, programmi per creare organizzatori visivi, app per prendere appunti, etc.

✓ **Strategie metacognitive**: schede di autoistruzione e autoregolazione di supporto
✓ **Contenuti**: aggiungere video, immagini, schede guida, mappe.

RIDUZIONE/SEMPLIFICAZIONE

- Dalle proposte previste per la classe si riducono e si semplificano le richieste per l'alunno con disabilità
- Riduzione dei seguenti aspetti:
  ✓ **Della complessità concettuale**: semplificare il lessico, aggiungere materiali iconici, foto, esempi concreti, video.
  ✓ **Della consegna e del compito**: Marcare la richiesta nella consegna. Inserire un esempio all'inizio di ogni esercizio. Richiedere l'esecuzione di una sola parte del compito (es. verbale o visiva).
  ✓ **Modalità di lavoro**: programma di supporto alla lettura, alla scrittura, dare la possibilità di compilare il compito con organizzatori visivi.

SCOMPOSIZIONE DEI NUCLEI FONDANTI

- L'obiettivo è diverso per l'alunno con disabilità e per la classe.
- Il punto di contatto va trovato nei nuclei fondamentali delle discipline.

PARTECIPAZIONE ALLA CULTURA DEL COMPITO

- Si attiva quando è difficile trovare agganci con obiettivi e contenuti programmati per la classe.
- Partecipare alla cultura del compito significa essere immersi in una situazione di apprendimento e programmare un intervento dell'alunno (una produzione artistica, il testo di una canzone, etc.)

VALUTAZIONE

- Fondamentale condividere, con tutti i docenti, la valutazione che non deve essere fatta solo dall'insegnante di sostegno
- Personalizzare le verifiche e le prove utilizzando le strategie di **facilitazione** (accessibilità/stesse prove per tutti gli alunni) e **semplificazione** (facilità/prove equipollenti differenziate) dei contenuti e delle modalità di accesso agli stessi scomponendo le difficoltà gradualmente.

- Per la valutazione delle competenze è necessario, dopo aver attuato adeguate osservazioni sistematiche, fare riferimento alle prove con situazioni/problema (Compiti di realtà) e prove autentiche.
  Vi riportiamo una proposta di modello per progettare le UDA - Unità di Apprendimento nella prospettiva di pianificazione e programmazione per competenze partendo dallo schema delle Competenze chiave europee della Sezione 10; a seguire il modello vuoto da fotocopiare e utilizzare liberamente.

Unità di Apprendimento

Area AUTONOMIA PERSONALE

Nome e Cognome FABIO ROSSI **Classe** 3° B

PROGRAMMAZIONE PER COMPETENZE

COMPETENZA CHIAVE	6. COMPETENZA SOCIALE E CIVICA
Argomento / Nucleo fondante	Igiene personale e cura della propria persona
Profilo delle competenze al termine del primo ciclo di istruzione *(fonte: MIUR)*	Ha la consapevolezza delle proprie potenzialità e dei propri limiti; riesce ad analizzare se stesso e a misurarsi con le novità e imprevisti.
Traguardi per lo sviluppo delle competenze al termine della scuola primaria *(fonte: MIUR)*	L'alunno acquisisce consapevolezza di sé attraverso la percezione del proprio corpo e la padronanza degli schemi motori e posturali nel continuo adattamento delle variabili spaziali e temporali contingenti.
Obiettivi di apprendimento al termine della classe 5° *(fonte: MIUR)*	- Coordinare e utilizzare diversi schemi motori combinati tra loro - Riconoscere e saper organizzare le successioni temporali delle azioni motorie
Codici ICF da considerare nell'attività	- d510: <u>Lavarsi</u> (lavare e asciugare il proprio corpo o parti di esso utilizzando acqua e materiali / metodi di pulizia adeguati) - d530: <u>Bisogni corporali</u> (manifestare il bisogno di, pianificare ed espletare l'eliminazione di prodotti organici e poi pulirsi)
Obiettivi formativi	Riuscire a controllare gli sfinteri e saper usare i servizi igienici
Contenuti di apprendimento	Utilizzo del bagno in tutti i contesti sociali evidenziando le differenze tra maschio e femmina
Strategie didattiche da attuare	Storie sociali, osservazione ed esperienze sensoriali
Raccordi disciplinari	ITALIANO (spiegazione della successione delle fasi), STORIA (linea della temporalità), SCIENZE (la differenza di genere), CITTADINANZA ATTIVA (le regole sociali), EDUCAZIONE ALLA SALUTE (igiene della persona)
Tipologia di verifica dell'apprendimento	Verifica con prove (corrispondenza e sequenzialità delle azioni)

Unità di Apprendimento

Area ______________________________

Nome e Cognome ______________________ Classe ______

PROGRAMMAZIONE PER COMPETENZE

COMPETENZA CHIAVE	
Argomento / Nucleo fondante	
Profilo delle competenze al termine del primo ciclo di istruzione *(fonte: MIUR)*	
Traguardi per lo sviluppo delle competenze al termine della scuola primaria *(fonte: MIUR)*	
Obiettivi di apprendimento al termine della classe 5° *(fonte: MIUR)*	
Codici ICF da considerare nell'attività	
Obiettivi formativi	
Contenuti di apprendimento	
Strategie didattiche da attuare	
Raccordi disciplinari	
Tipologia di verifica dell'apprendimento	

Verifica finale/Proposte per le risorse professionali e i servizi di supporto necessari

Nell'incontro finale di GLO, da effettuarsi entro il mese di giugno, bisogna valutare cosa e come si è raggiunto, cosa ha funzionato, analizzando criticamente i risultati, bisogna indicare anche cosa deve essere modificato. La valutazione deve avere ad oggetto prioritariamente l'efficacia degli **interventi** o **strategie** utilizzate più che gli apprendimenti che sono di competenza del team docenti o del consiglio di classe.

Ci sono tre sezioni nel modello di PEI che si concludono con uno spazio destinato alla verifica dei risultati:

- la Sezione 5 (Interventi connessi alle dimensioni per profilo di funzionamento);
- la Sezione 7 (Interventi sul contesto);
- la Sezione 8 (Interventi sul percorso curricolare) anche se in questo caso la valutazione è destinata all'efficacia degli interventi attivati, non a quella degli apprendimenti che, Scuola dell'Infanzia a parte, è sempre di competenza del team docenti o del Consiglio di classe.

Nel riquadro sottostante si chiede di inserire una verifica globale e sintetica, motivata sulla base delle tre valutazioni specifiche sopra richiamate.

Verifica finale del PEI Valutazione globale dei risultati raggiunti (con riferimento agli elementi di verifica delle varie Sezioni del PEI)	*Si rileva un aumento dei tempi di attenzione, una maggiore regolazione emotiva rispetto alle paure e preoccupazioni, le strategie relative agli interventi educativi-didattici sono stati efficaci visto che l'alunno affronta i compiti e le verifiche con maggiore serenità e autonomia*

Aggiornamento delle condizioni di contesto e progettazione per l'a.s. successivo [Sez. 5-6-7]

Partendo ancora dalle valutazioni conclusive già formulate per le Sezioni 6 e 7, ma anche dall'analisi delle condizioni di contesto della Sezione 5, si chiede di fornire al GLO che dovrà redigere il PEI dell'anno successivo delle sintetiche indicazioni per superare eventuali criticità.

Suggerimenti, proposte, strategie che hanno particolarmente funzionato e che potrebbero essere riproposti; criticità emerse su cui intervenire, etc...	*Si ripropongono tutte le strategie educative e didattiche proposte e i vari strumenti compensativi personalizzati in quanto efficaci e ancora necessari. Si consiglia di aumentare l'utilizzo di strumenti tecnologici perché molto motivanti per l'alunno*

La seconda parte di questa sezione è dedicata agli interventi necessari per garantire il diritto allo studio e la frequenza per l'anno scolastico successivo, compresa la proposta di ore di sostegno didattico e di risorse da destinare agli interventi di assistenza. Tali interventi si riferiscono all'anno scolastico successivo.
Le esigenze relative all'assistenza si inseriscono in due riquadri distinti, dedicati l'uno all'assistenza di base, l'altro all'assistenza specialistica.

■ Assistenza di base

Per assistenza di base si intendono azioni destinate al supporto materiale, non riconducibile ad interventi educativi e forniti in caso di necessità, senza vincoli di orario. Vengono specificate le tre tipologie di intervento più comuni richieste nelle scuole:
– *igienica*, compresi accompagnamento e assistenza nell'uso dei servizi e pulizia, se necessario;
– *spostamenti*, compresa accoglienza all'entrata e accompagnamento all'uscita nonché supporto e vigilanza nei movimenti interni;
– *mensa*, compreso l'eventuale supporto necessario per assumere merende o altro durante le pause.
Se sono necessari interventi di questo tipo, occorre selezionare le opzioni relative. Se ne sono previsti altri (non di tipo sanitario) si possono indicare, e sono da specificare sotto la voce "altro".
Nel campo aperto destinato ai dati relativi all'assistenza di base si chiede di descrivere sinteticamente l'organizzazione prevista e necessaria, indicando anche eventuali bisogni di formazione considerando sia in generale le competenze o esperienze del personale addetto che le esigenze specifiche del soggetto da assistere.

■ Assistenza specialistica

L'assistenza specialistica per l'autonomia e/o la comunicazione si caratterizza per azioni nettamente orientate verso l'intervento educativo.
Se si ritiene necessario l'intervento per l'assistenza alla comunicazione, si chiede di specificare ulteriormente la sua tipologia, legata ai bisogni dell'alunno/a e al tipo di disabilità: visiva, uditiva o relativa a disabilità intellettive e disturbi del neurosviluppo che richiedono modalità di comunicazione alternative.

Se invece il tipo di assistenza specialistica richiesta riguarda l'educazione e lo sviluppo dell'autonomia, occorre specificare in quali ambiti si prevede prioritariamente di impiegarla: interventi di autonomia personale identificati sinteticamente con "cura di sé", interventi in mensa, altro (da specificare).
Anche in questo caso è disponibile un campo aperto dove si chiede di descrivere sinteticamente l'organizzazione prevista, riflettendo in particolare sugli inevitabili, ma anche necessari, collegamenti tra i compiti delle varie figure, mirando a ottimizzare l'uso delle risorse, evitando dispendio di risorse economiche e sovrapposizioni, nel pieno rispetto della professionalità di ciascuno.

■ Esigenze di tipo sanitario

Le esigenze di tipo sanitario comprendono l'eventuale somministrazione di farmaci o altri interventi da assicurare, secondo i bisogni, durante l'orario scolastico.
Qualora rientrino tra gli interventi necessari alla specifica disabilità per garantire il diritto allo studio e la frequenza, essi sono inseriti nel PEI prevedendo adeguata formazione delle figure professionali coinvolte, se del caso e per le somministrazioni che, come dalle Raccomandazioni Ministeriali del 2005, non comportino il possesso di cognizioni specialistiche di tipo sanitario, né l'esercizio di discrezionalità tecnica da parte dell'adulto somministratore. Nel caso, invece, comportino cognizioni specialistiche e discrezionalità tecnica, il tema, pur coinvolgendo figure professionali esterne va comunque affrontato nel GLO e riportato nel PEI, in quanto si riflette sul percorso inclusivo dell'alunno.
Altre esigenze ed interventi non riferibili esclusivamente alla specifica disabilità sono definiti nelle modalità ritenute più idonee, conservando la relativa documentazione nel fascicolo personale dell'alunno.

■ Arredi speciali, Ausili didattici, informatici, ecc.

Tale voce comprende sia arredi quali banchi speciali, sedie attrezzate, stabilizzatori, supporti per l'igiene, strumenti per il sollevamento, sia strumenti didattici o di accesso particolari, usati dall'alunno/a.
Per la situazione dell'anno scolastico in corso, è possibile fare riferimento a quanto indicato nelle sezioni precedenti del PEI, in particolare nelle osservazioni del contesto (Sezione 6) e sui relativi interventi (Sezione 7).
In questo campo, invece, si focalizza l'attenzione su eventuali interventi di aggiornamento necessari rispetto alla progettazione per l'anno successivo: strumenti che mancano, che non sono più adeguati, o che necessitano di riparazioni o aggiornamenti, ecc.

Da considerare con attenzione le particolari esigenze che si presentano negli anni terminali, quando è previsto per l'anno successivo il passaggio ad altra scuola. Occorre valutare se sia possibile trasferire le attrezzature in uso, stabilire chi si occuperà del trasferimento o avere contatti e stabilire accordi con la nuova scuola ovvero, nel caso di comodato d'uso, con l'istituzione proprietaria degli strumenti.

Interventi necessari per garantire il diritto allo studio e la frequenza

Assistenza

Assistenza di base (**per azioni di mera assistenza materiale, non riconducibili ad interventi educativi**)	Assistenza specialistica all'au comunicazione (**per azioni** **interventi educativi**):
igienica □ *spostamenti* □ *mensa* □ *altro* □ *(specificare..............................)*	Comunicazione: *assistenza a bambini/e con dis* *assistenza a bambini/e con disabilità uditiva* □ *assistenza a studenti/esse con disabilità intellettive e disturbi del neurosviluppo* □
Dati relativi all'assistenza di base (collaboratori scolastici, organizzazione oraria ritenuta necessaria)	Educazione e sviluppo dell'autonomia, nella: *cura di sé* □ *mensa* □ *altro* □ *(specificare ....)* Dati relativi agli interventi educativi all'autonomia e alla comunicazione (educatori, organizzazione oraria ritenuta necessaria)

Le risorse professionali da destinare all'assistenza, all'autonomia e alla comunicazione sono attribuite dagli Enti preposti, tenuto conto del principio di accomodamento ragionevole e sulla base delle richieste complessive formulate dai Dirigenti scolastici.

Svolti dal personale ausiliario nell'ambito del plesso scolastico

ALLEGATO C – SUPPORTI AL FUNZIONAMENTO

Nell'allegato sono presenti 5 condizioni/livelli, che sono rapportati alla "restrizione della partecipazione" secondo la prospettiva ICF, con riguardo alle "capacità" iniziali dell'alunno: assente, lieve, media, elevata, molto elevata.

La condizione dell'alunno, in rapporto alla sua restrizione di partecipazione, è indicata nel Verbale di accertamento e nel Profilo di Funzionamento, attraverso un lavoro congiunto che vede impegnati specialisti dell'area clinica, famiglia, servizi e scuola.
Il livello di "restrizione" individuato in sede tecnica costituisce un perimetro entro il quale progettare gli interventi educativo-didattici.

■ ALLEGATO C1 – TABELLA FABBISOGNO

I 5 livelli corrispondono ad altrettanti "*range*" orari, intesi quali impegno di risorse necessario per ripristinare condizioni di funzionamento accettabili. In tal senso, in linea con la prospettiva e la terminologia ICF, sono state definite "Supporti al funzionamento" ossia, appunto, il *quantum* che è richiesto alla scuola e a tutti gli attori del processo inclusivo per azzerare le barriere e potenziare i facilitatori, così da creare un contesto/ambiente di apprendimento in grado di far sviluppare le potenzialità dell'alunno. In breve, si individuerà il fabbisogno di risorse professionali per il sostegno didattico, tenuto conto dell'entità della potenziale restrizione della partecipazione.

La scuola, quindi, che vede individuato un livello di restrizione della partecipazione di grado medio, dovrà progettare interventi di propria competenza entro il *range* corrispondente (per la Scuola Primaria: 6-11 ore).
Si riporta un esempio citato nelle linee guida: un alunno non vedente ha una invalidità del 100% ed è considerato in situazione di gravità (art. 3, comma3). Se venisse considerata solo tale condizione, di carattere quantitativo, potrebbero essere assegnate, secondo una sorta di automatismo (massima gravità=massimo del sostegno), il massimo delle ore possibili (22h).
La valutazione del fabbisogno richiede invece una considerazione più attenta delle condizioni personali e – questa la novità positiva della prospettiva ICF – la valutazione della sua interazione con il contesto, che è certamente modificabile. Tale cambiamento chiama in causa non solo l'insegnante, ma tutta la comunità scolastica, richiedendo l'ausilio consapevole della più ampia "comunità educante". Con i nuovi criteri, in presenza di una disabilità visiva che non implica problemi a livello cognitivo e di apprendimento, è possibile indicare gradi diversi rispetto alla restrizione di partecipazione che sarà "lieve" relativamente all'apprendimento e alla socializzazione, "molto elevata" in rapporto alla comunicazione, "elevata" in rapporto all'autonomia di movimento.

Pertanto, gli interventi educativi richiesti si collocano in un *range* "lieve" (0-5 ore di sostegno didattico) e sono finalizzati soprattutto all'integrazione nella classe (per i primi anni); mentre per l'assistenza alla comunicazione (con l'ausilio di un tiflodidatta, competente nel Braille) sarà necessario il massimo delle ore; infine sarà sufficiente una media assistenza per quanto riguarda l'autonomia, a meno che la scuola non "abbatta le barriere", creando percorsi guidati, fornendo l'alunno di ausili tecnologici, etc. che riportano il bisogno di supporti ad un grado "lieve".

Il fabbisogno è quindi strettamente e dinamicamente correlato agli effettivi interventi messi in atto su più piani: dal sostegno didattico, all'assistenza all'autonomia e alla comunicazione, all'assistenza igienica di base, al lavoro cooperativo dei compagni di classe, di tutti gli insegnanti, alla fornitura di ausili (tastiera Braille), all'uso di nuove tecnologie (sintesi vocale), agli interventi sull'ambiente (percorsi guidati, adattamenti acustici...).

PEI PROVVISORIO PER L'A.S. SUCCESSIVO

In questa sezione si scrivono indicazioni, rivolte al GLO che nell'anno successivo dovrà redigere il PEI, suggerimenti, proposte, strategie che andranno verificate subito dopo l'ingresso dell'alunno, prevedendo interventi correttivi o integrazioni, soprattutto a livello di organizzazione e utilizzo delle risorse, in base alle necessità effettive.

Per approfondire la tematica è possibile fare riferimento alla spiegazione di pagina 23 e consultare l'esempio compilato nel capitolo successivo; riportiamo di seguito una infografica di sintesi per comprendere al meglio chi lo deve fare e, soprattutto, in che periodo dell'anno scolastico.

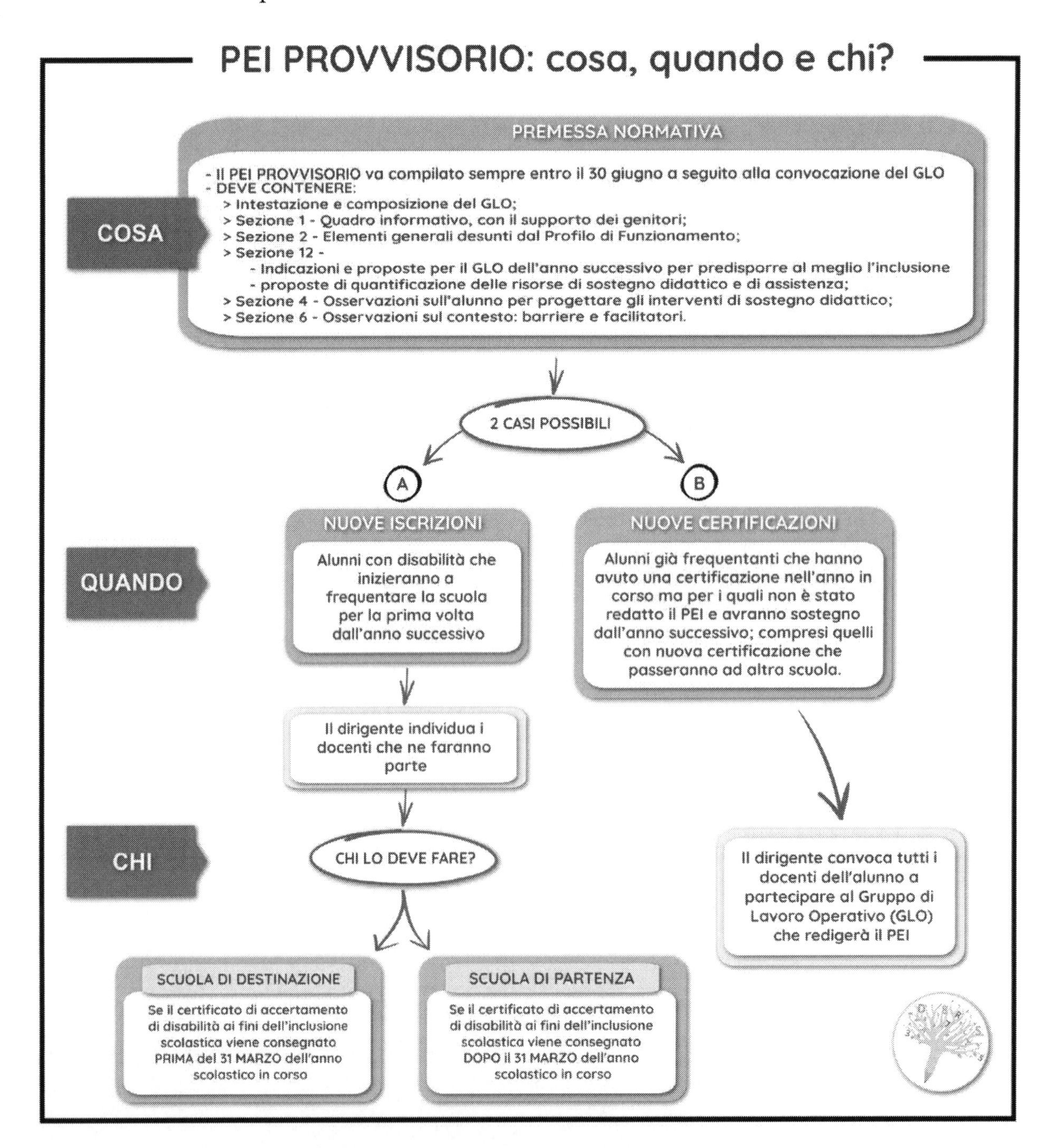

Capitolo 2

Esempi di:

Il Profilo di Funzionamento
Il Progetto di Vita

PROFILO DI FUNZIONAMENTO, chi fa cosa?

Il **Profilo di funzionamento** descrive con maggiore dettaglio, rispetto a quanto già presente nel **Certificato medico diagnostico-funzionale** e nel **Verbale di accertamento**, l'interazione del soggetto con i fattori ambientali, in riferimento allo svolgimento di una selezione di attività nei domini considerati, in termini di performance.

Il documento mette in luce se e quanto i fattori ambientali a disposizione del soggetto sono sufficienti e adatti per superare le eventuali difficoltà nelle attività o se, al contrario, le peggiorano.

Nella redazione del Profilo di funzionamento viene adottato lo schema descrittivo delle Linee Guida per la redazione della certificazione di disabilità in età evolutiva ai fini dell'inclusione scolastica e del profilo di funzionamento tenuto conto della classificazione internazionale delle malattie (ICD) e della classificazione internazionale del funzionamento, della disabilità e della salute (ICF) dell'OMS.

Il profilo di funzionamento prevede le seguenti sezioni:

Sezione 1: Dati identificativi e anagrafici del soggetto

Sezione 2: Elementi clinici

- **Anamnesi essenziale**
- **Osservazione clinica, valutazioni testali o strumentali effettuate e risultati**, in particolare relativamente all'ambito cognitivo, neuropsicologico e dell'apprendimento, della comunicazione e del linguaggio, sensoriale e motorio, delle autonomie personali e sociali, della socializzazione/relazione/interazione etc.
- **Diagnosi**, comprensiva di livello di gravità della patologia e eventuali comorbilità o altre patologie associate
- **Prognosi** attesa ed evolutività nel tempo.

Sezione 3: Specifici punti di forza del soggetto (attitudini, interessi, motivazioni, talenti, consapevolezza, perseveranza, resilienza, curiosità, etc.) e ulteriori informazioni utili relative al soggetto.

Sezione 4: Elementi attinenti alla descrizione del funzionamento

- **Descrizione dell'entità delle difficoltà in termini di capacità e performance** nei **4 domini** dell'Apprendimento, della Comunicazione, Relazioni e socializzazione, dell'Autonomia personale e sociale in ambito scolastico e dei relativi sottodomini come declinati nella Tabella 4 delle Linee Guida.
- In fase di prima applicazione sono considerati i **fattori ambientali per l'inclusione scolastica** come declinati nell'**Allegato 1** - **FAC-SIMILE** *(di seguito)*
- La **descrizione della capacità e della performance** viene effettuata per ciascun sottodominio

- **Va indicato il livello di compromissione globale**, con l'utilizzo di adeguati strumenti di misurazione basate sulle evidenze.

■ ALLEGATO 1 (FAC-SIMILE) - Sezione 4 del CERTIFICATO MEDICO DIAGNOSTICO-FUNZIONALE e Sezione 4 del PROFILO DI FUNZIONAMENTO: *Elementi attinenti alla valutazione del funzionamento*

SEZIONE 4: ELEMENTI ATTINENTI ALLA DESCRIZIONE DEL FUNZIONAMENTO / DESCRIZIONE DEL FUNZIONAMENTO				
Dominio 1: Apprendimento				
SOTTODOMINIO D1.1: USO INTENZIONALE DEI SENSI Questo sottodominio raggruppa attività relative all'apprendimento attraverso gli organi di senso: vista, udito, tatto, olfatto, gusto.				
1. Sono presenti difficoltà nella capacità di svolgere specifiche attività in un sottodominio?	No. Non si riscontrano pertanto problemi nella performance. (Passare al sottodominio successivo)			
	Sì, indicare il livello di difficoltà riscontrata			
	O Lieve	O Moderata	O Elevata	O Molto elevata
	Sì, indicare in quali attività del sottodominio			
	□ Guardare			
	□ Ascoltare			
	□ Usare intenzionalmente altri sensi			
	Descrivere, attraverso un testo libero, le difficoltà nella capacità di svolgere specifiche attività nel sottodominio (senza supporti e/o assistenza)			
2. Qualora si riscontrino difficoltà nella capacità di svolgere specifiche attività nel sottodominio, sono presenti fattori ambientali che lemodificano in senso migliorativo/peggiorativo o che le lasciano inalterate?				

	GRADUAZIONE DELL'EFFETTO DEI FATTORI AMBIENTALI SECONDO QUANTO INDICATO DALLA TABELLA 7 DELLE LINEE GUIDA DEL MINISTERO DELLA SALUTE					
Tipologie di fattori ambientali secondo quanto indicato dallaTabella 5 delle Linee Guida del Ministero della Salute	**Non presenti e non necessari**	**Presenti ed efficaci** FACILITATORI importanti	**Presenti e parzialmente efficaci**FCILITATORI non	**Presenti e non efficaci** BARRIERA elevata	**Non presenti ma necessari** BARRIERA molto elevata	**Presenti e non necessari** BARRIERA media
PRODOTTI E TECNOLOGIA	□	□	□	□	□	□
AMBIENTE NATURALE E MODIFICAZIONI UMANE DELL'AMBIENTE	□	□	□	□	□	□
SUPPORTO E RELAZIONI	□	□	□	□	□	□
ATTEGGIAMENTI	□	□	□	□	□	□
SERVIZI, SISTEMI E POLITICHE	□	□	□	□	□	□
Descrivere attraverso un testo libero i fattori ambientali nel sottodominio che modificano in senso migliorativo/peggiorativo le capacità disvolgere specifiche attività nel sottodominio, e le eventuali indicazioni per implementare i facilitatori e ridurre le barrie re						

Nella Tabella seguente è rappresentato nel dettaglio lo schema dei processi previsti dal **Decreto legislativo n. 66 del 2017** ai fini dell'inclusione scolastica di bambine e bambini, alunne e alunni, studentesse e studenti con disabilità, con i relativi input, output ed Enti responsabili.

SCHEMA DI SINTESI DEI PROCESSI DEL DECRETO LEGISLATIVO N.66/2017

1 DOMANDA

PROCESSO	ENTI RESPONSABILI	DOCUMENTI IN INPUT	DOCUMENTI IN OUTPUT
- Diagnosi Clinica - Valutazione del funzionamento (Raccolta di elementi attinenti alla descrizione del funzionamento secondo il protocollo descrittivo del funzionamento e della disabilità indicato dalle presenti Linee Guida e basato sul modello biopsicosociale	SSN - ASL	- Esami diagnostici, cartelle cliniche, certificazioni mediche, materiali osservativi, test, sintesi di colloqui con genitori e insegnanti, questionari compilati da genitori e insegnanti e altri documenti utili per le finalità del processo	- Certificato medico diagnostico-funzionale

2 ACCERTAMENTO

PROCESSO	ENTI RESPONSABILI	DOCUMENTI IN INPUT	DOCUMENTI IN OUTPUT
- Accertamento della condizione di disabilità in età evolutiva ai fini dell'inclusione scolastica (secondo il protocollo descrittivo del funzionamento e della disabilità indicato dalle presenti Linee Guida e basato sul modello biopsicosociale)	INPS - ASL	- Certificato medico diagnosticoo-funzionale insieme ad altra eventuale documentazione in possesso del soggetto, utile per le commissioni mediche di cui all'art.5 del D.Lgs 66/2017	- Verbale di accertamento della condizione di disabilità in età evolutiva ai fini dell'inclusione scolastica

3 REDAZIONE

PROCESSO	ENTI RESPONSABILI	DOCUMENTI IN INPUT	DOCUMENTI IN OUTPUT
- Valutazione del funzionamento	SSN - Unità di Valutazione Multidisciplinare (UVM)	- Verbale di accertamento della condizione di disabilità in età evolutiva ai fini dell'inclusione scolastica	- Profilo di funzionamento
- Redazione del Piano Educativo Individualizzato (PEI) (secondo le indicazioni predisposte dal Ministero dell'Istruzione, dell'Università e della Ricerca)	Istituzioni scolastiche - Gruppi di Lavoro Operativo per l'Inclusione (GLO) in raccordo con il SSN	- Verbale di accertamento della condizione di disabilità in età evolutiva ai fini dell'inclusione scolastica - Profilo di funzionamento	- Piano Educativo Individualizzato (PEI)
- Redazione del Progetto Individuale (PI) (di cui alla Legge Quadro 328/2000 per la realizzazione del sistema integrato di interventi e servizi sociali)	- Ente Territoriale - Servizio Sanitario Nazionale (ASL)	- Profilo di funzionamento - Piano Educativo Individualizzato (PEI)	- Progetto individuale (PI)

Per orientarsi su cosa fare per redigere il **Profilo di Funzionamento** è importante comprendere le 3 fasi che occorrono per iniziare e terminare il processo amministrativo; il percorso per l'accertamento della condizione di disabilità in età evolutiva ai fini dell'inclusione scolastica può essere così schematizzato:

È importante premettere che l'inclusione riguarda le bambine e i bambini della scuola dell'infanzia, le alunne e gli alunni della scuola primaria e della scuola

secondaria di primo grado, le studentesse e gli studenti della scuola secondaria di secondo grado;

come ben descritto dalla seguente infografica sulla 1° FASE, la domanda deve essere presentata all'INPS, direttamente dal genitore o da chi esercita la responsabilità genitoriale oppure per il tramite di Enti di Patronato o di Associazioni ovvero per il tramite del servizio sanitario specialistico, pubblico o accreditato, che ha in carico il

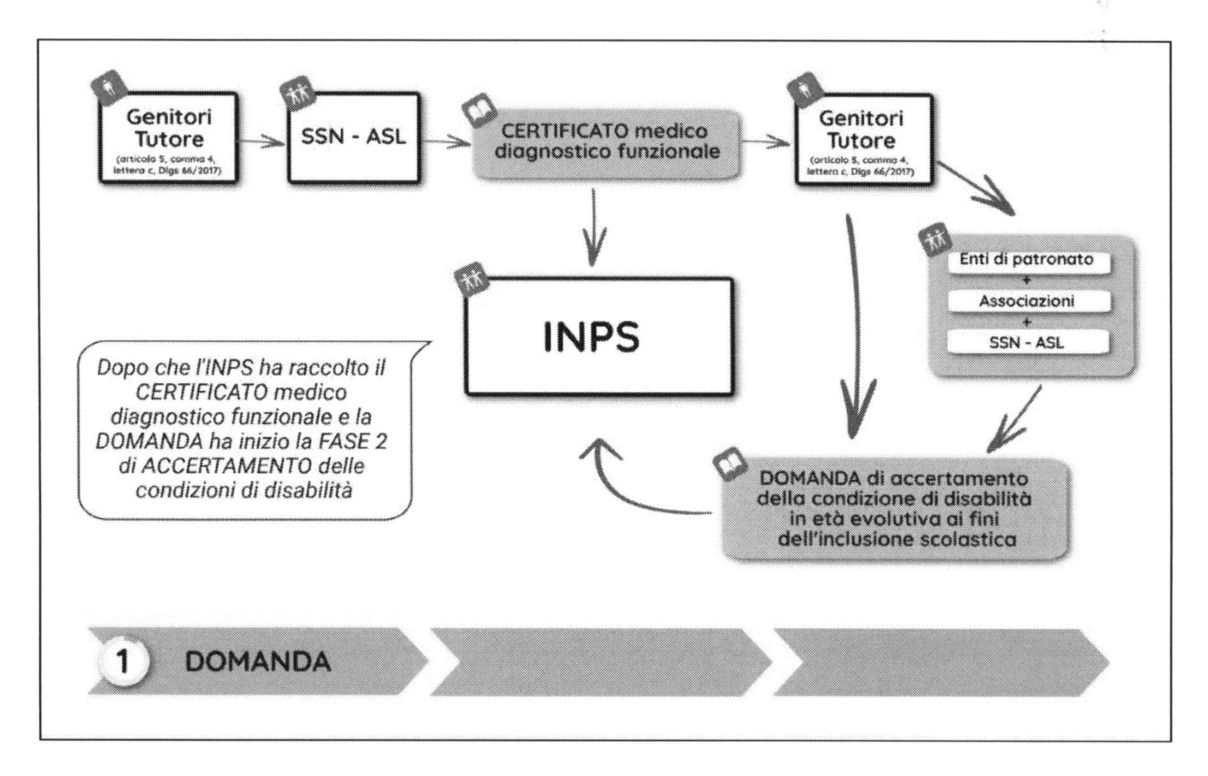

soggetto in età evolutiva e che ha redatto il certificato medico diagnostico-funzionale; la domanda, a pena di inammissibilità, deve essere introdotta dal **"certificato medico diagnostico-funzionale"** che sarà redatto telematicamente dal servizio sanitario, pubblico o accreditato, che ha in carico il soggetto in età evolutiva; tale certificato sostituisce a tutti gli effetti il certificato introduttivo previsto per la domanda di invalidità e/o handicap; contiene la diagnosi clinica e gli elementi attinenti alla valutazione d
el funzionamento.

Nella **2° FASE** (ACCERTAMENTO) si attiva la commissione medico legale che, dopo aver recepito il Certificato medico-diagnostico funzionale e la Domanda di accertamento, produce il **Verbale che condizioni di disabilità in età evolutiva ai fini dell'inclusione scolastica**;

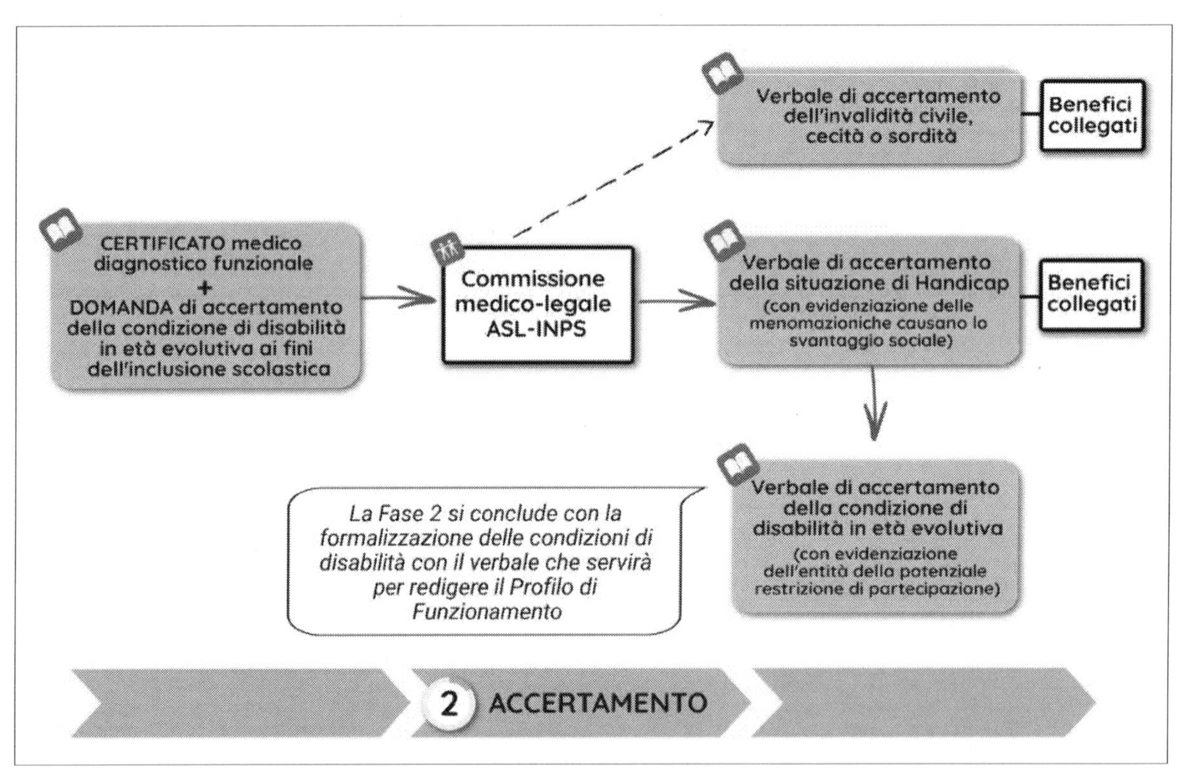

il verbale sarà redatto dalle competenti commissioni esclusivamente in modalità telematica; detto verbaleesprime un *giudizio sull'entità della potenziale restrizione di partecipazione* (assente, lieve, media, elevata, molto elevata) per ciascun dominio e fornisce raccomandazioni;

il verbale verrà reso disponibile al richiedente in duplice versione:

- una compilata integralmente
- l'altra conomissis dei dati sensibili di natura sanitaria relativi all'anamnesi, all'esame obiettivo, agli accertamenti specialistici esibiti o richiesti e alla diagnosi;

Nella **3° FASE** (REDAZIONE) il verbale costituirà il presupposto necessario per l'elaborazione del **Profilo di Funzionamento;** entra, quindi, in questa ultima fase del processo **l'Unità di Valutazione Multidisciplinare (UVM)** che, coinvolgendo il genitore e il dirigente scolastico/docente, redigerà il **Profilo di Funzionamento** secondo i criteri del modello biopsicosociale alla base di ICF.

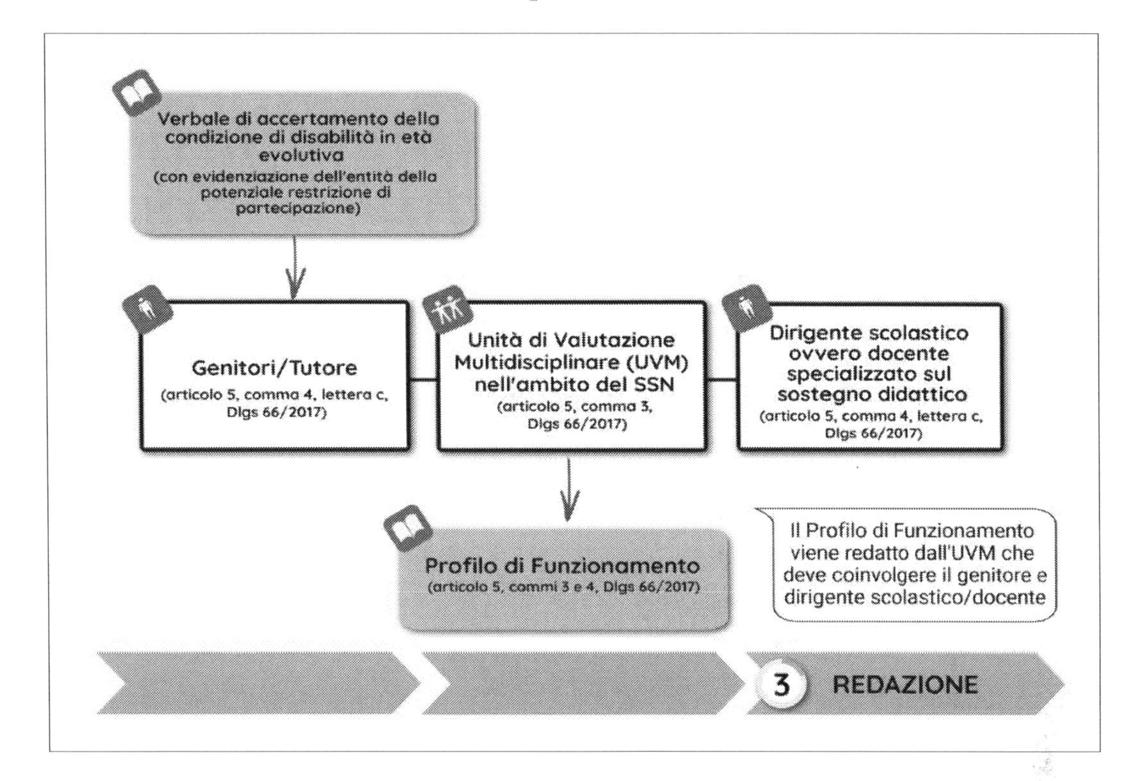

Sempre in questa fase sarà compito del **Gruppo di Lavoro Operativo - GLO** (*vedi descrizione a pag. 20*) formulare e redigere il **Piano Educativo Individualizzato (PEI)** mentre l'Ente Locale e la ASL, in sinergia con il genitore e la rappresentanza scolastica, avranno il compito della stesura del **Progetto Individuale.**

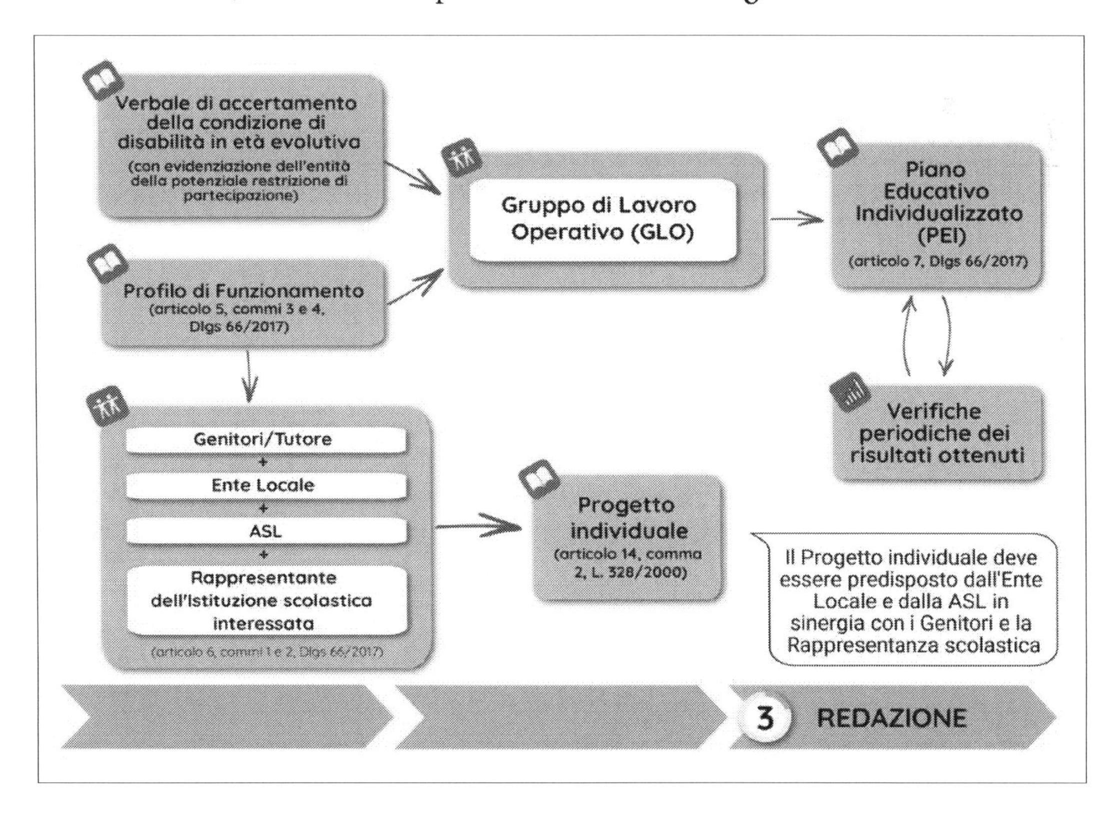

PROGETTO DI VITA
Griglia di compilazione

SOS PEI-ICF

RITA CENTRA

Beneficiario	**Nome:** Maria **Cognome:** Rossi **Età, luogo e data di nascita:** 20 anni **Codice fiscale:** XXX
Residenza	**Indirizzo:** XXX **CAP:** 00100
Recapiti	**Telefono:** XXX **Cellulare:** XXX **E-mail:** XXX **Stato civile:** nubile
Situazione attuale	**Maggiorenne:** X **SI** __ **NO** *Dati dei genitori o di chi esercita la responsabilità genitoriale* **Padre:** Mario Rossi **Madre:** Luciana Rossi
Dati secondari	**Documento:** **Scolarità:** Diploma **Certificazione 104:** X **SI** __ **NO** **Con notazione di gravità:** SI (art. 3 - comma 3 - Lg. 104/92) **Invalidità Civile:** 100% dal 14/06/2001 **Situazione previdenziale per invalidità civile:** **Pensione:** SI **Indennità d'accompagnamento:** SI **Diagnosi clinica ICD10:** F84.0 - Disturbi evolutivi globali - Autismo infantile; **Diagnosi clinica ICD10 note:** Autismo Infantile. Il QI breve è pari a 77 (scala Leiter-R). La collaborazione richiede, all'interlocutore, adattamenti del comportamento e delle richieste. Può assorbirsi in stereotipie vocali/motorie. Può manifestare comportamenti oppositivi e problematici come urlare, raramente, può passare ad agiti etero-aggressivi quando non riesce ad esprimere le proprie esigenze o quando le cose non vanno come lei si aspetta (rigidità cognitiva). Può manifestare sintomi ossessivi-compulsivi. È presente sensibilità a stimoli uditivi, cinestetici, visivi. È presente lieve selettività alimentare. **Altre patologie rilevanti:** Nessuna

PROGETTO DI VITA
Griglia di compilazione

SOS PEI-ICF RITA CENTRA

Profilo attuale

Localizzazione: Vive in città
Abitazione: Vive in appartamento con la famiglia
Stato Lavorativo: Non occupata
Stato di salute: Buono
Situazione familiare:
La ragazza vive in famiglia con la mamma insegnante, il papà impiegato, la sorella maggiore e due fratelli minori.
Abitudini significative:
necessita di essere accompagnata in tutti i momenti della giornata. Esprime buoni livelli di autonomia personale (relativamente alle routine di vita quotidiana: mangiare, igiene, bagno) e di comportamento situazionale, insufficiente sviluppo dell'area relazionale. Possiede buone capacità di orientamento spaziale e temporale. Il pensiero è orientato, mantiene non spontaneità all'eloquio e scarsa spontaneità alla condivisione, utilizza in modo altalenante parola-frase e frase minima. Bassa la motivazione alla comunicazione sociale. Buona la comprensione del linguaggio verbale e non. In grado di esprimere preferenze e scelte con determinazione e manifestare interessi e motivazioni. In grado di leggere e interpretare il contesto e le situazioni e di mantenere un buon livello di vigilanza, in grado di formulare ed esprimere giudizi semplici. Partecipazione passiva per le iniziative sociali con i coetanei e di partecipazione esterne alla famiglia. Capacità di dimostrare affetto, ricerca il contatto fisico con le persone care. Accetta il contatto fisico quando non è lei a prendere l'iniziativa. Aperta alla conoscenza di persone e situazioni nuove, rispettosa degli altri. Attenta alle cose ed al loro uso. Accetta le regole se anticipate e mediate. Capace di identificare un bisogno/disagio che non sempre manifesta in maniera adeguata. Accetta l'organizzazione delle attività strutturate sia nei tempi che nei contenuti ed è capace di mantenere una coerenza ed un impegno costante, di esibire comportamenti adeguati, di prestare attenzione e di ricavarne gli apprendimenti che sottendono le attività. Se coinvolta, interagisce adeguatamente con i compagni e con gli adulti.
Tempo libero e vacanze familiari:
Uso passivo del tempo libero. Attivo e autonomo se mediato dall'uso di strumenti informatici (cellulare, tablet, tv, etc). Interesse per la TV, la musica ed il disegno. Vacanze con la famiglia. Effettua vacanze con i pari o in gruppi integrati ma necessita della presenza di un operatore in rapporto 1:1.

PROGETTO DI VITA

Griglia di compilazione

Profilo storico

Iter della persona:

Nata alla 37° settimana da taglio cesareo. Peso alla nascita Kg 3,800; indice di Apgar 8 e 9 a 1' e 5' rispettivamente. Dopo una settimana è stata ricoverata per una forte otite. Otiti ricorrenti anche successivamente. Allattata al seno per 3 mesi, con suzione ipovalida e deglutizione coordinata. Svezzamento in età e senza difficoltà degne di nota. Ha portato un divaricatore per 3 mesi a causa di una displasia dell'anca poi corretta. Tappe del neuro sviluppo nella norma durante il primo anno di vita, con deambulazione a circa 11 mesi preceduta da gattona mento simmetrico. Lallazione esordita normalmente, è andata diminuendo nel corso del tempo. Prime parole a 7 anni dopo aver appreso la lettura. Curva della crescita riferita nella norma. Progressivamente dai 18 mesi in poi ha smesso di girarsi, se chiamata; prestava sempre meno attenzione alle persone. Ipersensibile a livello uditivo (si mette spesso le mani sulle orecchie). Sempre dai 18 mesi mancava anche l'aggancio visivo. Ritmo sonno veglia con frequenti risvegli notturni. Dorme nel suo letto in camera con la sorella. Controllo sfinterico raggiunto a 3 anni di età. Diagnosi sopraggiunta l'11 maggio del 2001 (disturbo pervasivo dello sviluppo altrimenti non specificato, autismo). Da novembre 2001 frequenta XXX fino al 2005 quando passa alla XXX con la quale effettua terapia a domicilio. Dal 2005 al 2016 viene realizzata anche assistenza domiciliare con la Cooperativa XXX. Contemporaneamente svolge terapia cognitivo comportamentale e logopedia con figure professionali private. Da novembre 2016 ha diritto all'assistenza indiretta. Dal 2018 la cooperativa XXX svolge lavoro di intervento riabilitativo presso il domicilio. Condizioni generali di salute: buone.

Iter personalità:

stabile la capacità/motivazione di comunicazione verbale (parola - frase/frase minima), sempre minima la capacità/possibilità di esprimere sentimenti, emozioni, paure. Discreti livelli di partecipazione strutturata e organizzata alla vita di gruppo. Buono il rapporto con i compagni e gli operatori anche se, è ancora assente il ricorso alla comunicazione spontanea, spesso sono richieste, che sempre meno scadono in comportamenti oppositivi. Difficoltà marcate nelle situazioni di dialogo. Migliori risultati si riscontrano nella disponibilità/capacità di attenzione e di concentrazione, nella motricità fine, nella maturità relazionale. Maggiore ricorso all'autocontrollo e migliore il contenimento della instabilità.

■ RICHIESTA DI PRESA IN CARICO GLOBALE CON PROGETTO DI VITA:

Esempio di richiesta di Presa in carico riabilitativa alla XXX di appartenenza dell'utente.

data di avvio della richiesta: 09/10/2018

ASPETTATIVE

DI COSA AVREBBE BISOGNO:

Benessere materiale:
Non ha ancora acquisito totalmente l'apprendimento strumentale e/o funzionale sull'uso del denaro. Nelle uscite sceglie la destinazione dell'attività. Deve maturare e comprendere il valore del denaro almeno per fare piccoli acquisti e partecipare ad esperienze sociali (bar, cinema, piccole spese personali, ecc.)

Benessere fisico:
Ha grandi energie e bisogno di movimento. Per lei è importante partecipare ad attività motorie strutturate come il nuoto, il camminare, equitazione, atletica, sci, etc.

Benessere emozionale:
Dipendente dalle persone e dalle situazioni, le sue sicurezze si concretizzano e identificano con rigidità nella programmazione delle attività, delle giornate, ecc. L'imprevisto causa reazioni destabilizzanti. Ci aspettiamo che il potenziamento delle aree di autonomia contribuisca ad un maggiore equilibrio emotivo e di stabilizzazione dell'umore.

Autodeterminazione:
Si cerca di verificare gli interessi e le motivazioni che via via emergono. Deve poter identificare interessi su cui implementare capacità occupazionali a buoni livelli di autonomia. Maria deve poter essere sia in grado di esprimere desideri e bisogni e di ricercare le giuste risposte.

Sviluppo personale:
Attraverso il lavoro congiunto tra la famiglia e le agenzie educative e sociosanitarie deve sostenere e raggiungere buoni livelli di autonomia personale e sociale, una migliore capacità di vera autonomia nella cura dell'igiene, nel vestirsi, nel trovare risposte a semplici bisogni, tempi congrui di uso autonomo del tempo libero.

Relazione interpersonale:
Maria di solito è accompagnata da un'operatrice che svolge la funzione della compagna adulta, ma ama la partecipazione ad esperienze esterne e apprezza rapporti selezionati. Tra gli obiettivi ci si propone: un buon rapporto con i pari, la possibilità di stabilire rapporti amicali favorenti la partecipazione a weekend, soggiorni, uscite,

cinema, teatro, concerti. Bisogna contribuire a potenziare la comunicazione spontanea per favorire e facilitare il raggiungimento di questo obiettivo.

Inclusione sociale:
È importante offrire nuove esperienze, in maniera continuativa, per potenziare la capacità di adattamento e creare i prerequisiti per una serena e possibile integrazione con i coetanei, di avere opportunità esterne alla famiglia, di partecipare alla vita sociale godendo di servizi e strutture, in funzione di un inserimento in ambito lavorativo o accademico.

Diritti:
Per ora tutti i suoi diritti sono tutelati da noi genitori. Ci aspettiamo che possa vivere con serenità il suo essere cittadina italiana ed europea e godere di servizi in risposta ai suoi bisogni di sostegno e cura. L'obiettivo finale è che Maria raggiunga la migliore qualità di vita possibile per lei in relazione con l'ambiente.

Bisogno riabilitativo:
Lavoro orientato allo sviluppo di nuove competenze di tipo cognitivo, potenziamento/generalizzazione delle competenze/autonomie raggiunte, motivare/stimolare la capacità espressiva con finalità di comunicazione. Potenziamento del rapporto di fiducia con le figure adulte di riferimento per consentirgli di essere più rilassata nell'approccio alle attività. Sostenere gli ambiti della partecipazione attiva alla vita sociale. Migliore definizione (step) degli obiettivi generali proposti. Si ritiene necessario sensibilizzare e formare le persone che saranno chiamate a relazionarsi con lei, inoltre si ritiene necessario strutturare gli ambienti nei quali la ragazza dovrà svolgere le sue attività.

Il Progetto di Vita

Per approfondire

All'art. 14 della legge 328 si specifica che per realizzare la piena integrazione delle persone disabili di cui all'articolo 3 della legge 5 febbraio 1992, n. 104, nell'ambito della vita familiare e sociale, nonché nei percorsi dell'istruzione scolastica o professionale e del lavoro, i comuni, d'intesa con le aziende unità sanitarie locali, predispongono, su richiesta dell'interessato, un ***Progetto individuale*** [...]. Il Progetto individuale (definito anche *Progetto di Vita*) comprende, oltre alla valutazione diagnostico-funzionale, le prestazioni di cura e di riabilitazione a carico del Servizio sanitario nazionale, i servizi alla persona a cui provvede il comune in forma diretta o accreditata, con particolare riferimento al recupero e all'integrazione sociale, nonché le misure economiche necessarie per il superamento di condizioni di povertà, emarginazione ed esclusione sociale. Nel progetto individuale sono definiti le potenzialità e gli eventuali sostegni per il nucleo familiare.

Il Comune, d'intesa con la A.S.L. deve predisporre un Progetto Individuale, indicando i vari interventi sanitari, socio-sanitari e socio-assistenziali di cui necessita la persona con disabilità, nonché le modalità di una loro interazione. Si tratta di un approccio che guarda alla persona con disabilità non come ad un utente di diversi servizi, ma come ad una persona con le sue esigenze, i suoi interessi e le sue potenzialità. Si tratta di un progetto che si articola nel tempo ed ha la finalità di creare le condizioni affinché i servizi e gli interventi si possano realmente attuare e concretizzare in piena sinergia.

Tale progetto si inquadra come diritto soggettivo esigibile e può essere identificato come strumento per l'esercizio del diritto alla vita indipendente ed all'inclusione nella comunità per tutte le persone con disabilità, come previsto anche Convenzione ONU sui diritti delle persone con disabilità.

PROGETTO DI VITA
INDICAZIONI e OBIETTIVI
per il miglioramento della Qualità di Vita

(da redigere a cura della ASL e Municipio/Comune, predisposto con la Famiglia e in sinergia con la Scuola)

DIMENSIONI - QUADRO DI SINTESI

BENESSERE FISICO	Fare regolare attività fisica strutturata e spontanea (passeggiata, escursioni, etc.)
BENESSERE MATERIALE	Uso funzionale del denaro (piccole somme con le monete, capcità di identificare il potere di acquisto) per spese personali e soddisfazione di desideri.
BENESSERE EMOTIVO	• Potenziare la capacità di autocontrollo dei comportamenti disadattivi e di rabbia nelle situazioni di non soddisfazione o frustrazione • Potenziare la capacità di comunicazione del disagio, del bisogno, dei desideri e/o delle contrarietà.
AUTODETERMINAZIONE	• Adattarsi ai cambiamenti delle routine • Accettare le correzioni e i suggerimenti • organizzarsi il materiale per facilitarsi il compito • organizzarsi autonomamente le attività di tempo libero
SVILUPPO PERSONALE	• Lettura sillabica • Comprensione di semplici e brevi parole • Scrivere parole bisillabe e trisillabe sotto dettatura e spontaneamente • Scrivere il proprio nome, cognome, indirizzo, numero di telefono • Compiere semplici operazioni algebriche (somma e sottrazione) • Associazione numero e quantità oltre il valore 10.
RELAZIONE INTERPERSONALE	• Uso contestuale di forme di saluto e di cortesia (salutare, dire "grazie", "prego", "scusa", etc.) • Potenziare la capacità di comunicazione del disagio, del bisogno, dei desideri e/o delle contrarietà • Non disturbare gli altri con richieste di attenzione se sono impegnati
INCLUSIONE SOCIALE	Implementare e potenziare la partecipazione ad opportunità ed eventi, a servizi e strutture pubbliche (es. Cinema, uscite, negozi, parrocchie e gruppi parrocchiali, Scuolabus, etc.)

INTERVENTI DA EFFETTUARE

1. Tipologia di attività: **accedere a servizi professionali (problemi comportamentali, psicopatologici)** Grado di sostegno: Totalmente erogata
N. ore mensile: 1
Descrizione sostegno: Presa in carico riabilitativa e specialistica
Domini di qualità della vita: Benessere fisico - Benessere Emozionale – Sviluppo personale
Programma di sostegno: specialista referente per la presa in carico riabilitativa.
Referente:
Tipo rete: Formale
Fornitore/struttura: privato
Tipologia di servizio: totalmente a carico della famiglia
Professionista: xxx

2. Tipologia di attività: **accedere a servizi professionali (problemi comportamentali, psicopatologici)**
Grado di sostegno: Totalmente erogata
N. ore settimanali: 3
Descrizione sostegno: intervento cognitivo comportamentale domiciliare
Domini di qualità della vita: Benessere Emozionale – Sviluppo personale
Programma di sostegno: Un incontro domiciliare settimanale programmato:
- sostenere e facilitare il percorso di crescita psicoaffettiva
- sostenere una maggiore adesione alla realtà e consapevolezza dell'altro come persona,
- sostenere gli apprendimenti cognitivi e funzionali
- orientare al compito incrementare i tempi di attenzione e motivazione.

Referente:
Tipo rete: Formale
Fornitore/struttura: privato a carico della famiglia
Tipologia di servizio: Sanitario
Professionista: xxx

3. Tipologia di attività: **accedere a servizi professionali (problemi comportamentali, psicopatologici)**
Grado di sostegno: Totalmente erogata
N. ore mensili: 2 al mese
Descrizione sostegno: supervisione dell'intervento cognitivo comportamentale domiciliare
Domini di qualità della vita: Benessere Emozionale – Sviluppo personale
Programma di sostegno: Un incontro domiciliare mensile programmato:
- sostenere e facilitare il percorso di crescita psicoaffettiva
- sostenere una maggiore adesione alla realtà e consapevolezza dell'altro come persona,
- sostenere gli apprendimenti cognitivi e funzionali
- orientare al compito incrementare i tempi di attenzione e motivazione.

Referente:
Tipo rete: Formale
Fornitore/struttura: privato a carico della famiglia
Tipologia di servizio: Sanitario
Professionista: xxx

4. Tipologia di attività: **usare strategie per la promozione di comportamenti nuovi ed integranti**
Grado di sostegno: Completamente erogata
N. ore settimanali: 8 su 28 totali
Descrizione sostegno: Abilitazione di maggiori autonomie sociali. Incentivo alla scelta e all'autodeterminazione nell'individuare risposte a bisogni e obiettivi. Rinforzo delle abilità.
Domini di qualità della vita: Benessere emozionale
Programma di sostegno:
- Coinvolgere in training per l'abilitazione di capacità sociali;
- Coinvolgere in lavori di gruppo;
- Mediare le esigenze personali e quelle del contesto e dei pari;
- Sollecitare la comunicazione spontanea tra pari e con l'adulto.
- Autonomie personali
- Piccole spese

Referente:
Tipo rete: Formale
Fornitore/struttura: xxx
Tipologia di servizio: Attività riabilitativa
Professionista: Psicologa operatrice

5. Tipologia di attività: **aumentare la capacità di organizzazione personale**
Grado di sostegno: Completamente erogata
N. ore settimanali: 5
Descrizione sostegno: Assistenza fisica e potenziamento dell'autonomia nell'igiene e cura della persona.
Domini di qualità della vita: Sviluppo personale
Programma di sostegno: Potenziamento e perfezionamento delle routine di cura e igiene personale.
Referente:
Tipo rete: Formale
Fornitore/struttura: xxx
Tipologia di servizio: Assistenza educativa
Professionista: Assistente domiciliare

6. Tipologia di attività: **portare avanti o aumentare attività di movimento**
Grado di sostegno: Completamente erogata
N. ore settimanali: 3
Descrizione sostegno: Accompagno e sostegno ad attività fisiche (Nuoto, sci)
Domini di qualità della vita: Benessere fisico
Programma di sostegno: Accompagno e sostegno motivazionale e attentivo in attività motoria (nuoto), una volta a settimana, sci durante il periodo invernale. Attività individuale.
Referente:
Tipo rete: Formale
Fornitore/struttura: Famiglia
Tipologia di servizio: totalmente a carico della famiglia
Professionista: Istruttore di nuoto

7. Tipologia di attività: **promuovere / fornire esperienze gratificanti**
Grado di sostegno: Completamente erogata
N. ore settimanali: 12
Descrizione sostegno: Attività di integrazione e fruizione nel e dei servizi del territorio
Domini di qualità della vita: Benessere emozionale
Programma di sostegno: Uscita settimanale finalizzata ad apprendimenti comportamentali situazionali, di orientamento spaziale e di conoscenza del territorio cittadino, attraverso l'uso di strutture e servizi (autobus, cinema, sala giochi, bar, negozi e piccoli acquisti personali, ecc.
Referente: Formale
Tipo rete: Formale
Fornitore/struttura: xxx
Tipologia di servizio: Assistenza educativa
Professionista: Assistente Domiciliare

8. Tipologia di attività: **massimizzare il coinvolgimento familiare**
Grado di sostegno: Completamente erogata
N. ore mensili: 2
Descrizione sostegno: Counseling programmato e condivisione di obiettivi abilitativi con la famiglia
Domini di qualità della vita: Relazioni interpersonali – Sviluppo personale
Programma di sostegno: Incontro quindicinale domiciliare del terapeuta con la famiglia e l'utente.
- Fase di osservazione e verifica dell'utente.
- Condivisione di osservazione e valutazione con il nucleo familiare. Indicazioni.
Referente: Supervisore psicoterapeuta
Tipo rete: Informale
Fornitore/struttura: Famiglia
Tipologia di servizio: Totalmente a carico della famiglia
Professionista: xxx

9. Tipologia di attività: **creare rete con i colleghi**
Grado di sostegno: Completamente erogata
N. ore settimanali: 1 ora
Descrizione sostegno: Verifica/aggiornamento progetto personalizzato e counseling equipe.
Domini di qualità della vita: Sviluppo personale – Autodeteminazione - Benessere Emotivo
Programma di sostegno: Incontro mensile di 1 ora della psicoterapeuta referente con i genitori e professionisti. Verifica/aggiornamento/counseling sul programma attività implementato dai professionisti coinvolti nel progetto personalizzato.
Referente: Supervisore psicoterapeuta
Tipo rete: Informale
Fornitore/struttura: Famiglia
Tipologia di servizio: Totalmente a carico della famiglia
Professionista: xxx

10. Tipologia di attività: **coinvolgere in attività di tipo occupazionale**
Grado di sostegno: Erogata
N. ore settimanali: 16
Descrizione sostegno: Laboratori volti a sviluppare interessi, hobby e auto-gratificazione, future capacità lavorative.
Domini di qualità della vita: Sviluppo personale
Programma di sostegno: Momenti quotidiani dedicati a cucina, attività artistica manuale e cura della persona.
Referente: padre e madre
Tipo rete: Informale
Fornitore/struttura: xxx

Commento finale:
Si ipotizzano buoni risultati al lavoro di potenziamento per gli ambiti di autonomia, se supportata, nella cura della propria persona, all'interno di ambiti protetti ed in esecuzione a routine consolidate (uso del bagno, igiene personale, igiene orale, ecc..). Anche all'esterno l'autonomia situazionale è buona, va aiutata a raggiungere una migliore interazione ed una più finalizzata socializzazione. Buoni i livelli di accettazione delle dinamiche di gruppo, dove avverte le figure di riferimento in senso protettivo all'interno di un contesto gruppale protetto e definito nelle dinamiche, rispetto del contesto anche se la sua partecipazione è deficitaria nella relazione con i pari. Attualmente, tale capacità è totalmente assente, anzi evitata, se lasciata alla sua totale iniziativa.

A seguire il modello vuoto del Progetto di vita con quesiti, indicazioni e obiettivi da poter utilizzare liberamente.

Progetto di vita significa concepire una presa in carico capace di propiziare la cultura della relazione di aiuto, nella prospettiva di riconoscere e valorizzare i fattori che sostengano il "divenire esistenziale"

PROGETTO DI VITA
TABELLA INDICATORI
per redigere il Progetto di Vita

RITA CENTRA

QUESITI PER DEFINIZIONE OBIETTIVI

INDICATORI	QUESITI
Rilevanza	Gli obiettivi sono rilevanti e significativi nel progetto di vita individuale?
Osservabilità	Gli obiettivi sono traducibili in comportamenti osservabili?
Appropriatezza	Sono appropriati all'età cronologica del soggetto e alle condizioni di salute?
Funzionalità	Sono funzionali alle necessità di vita quotidiane e signnificative rispetto ai contesti di appartenenza?
Temporalità	Sono temporalmente ponderati e limitati nel tempo per verificare il loro raggiungimento?
Monitoraggio	Sono monitorabili e monitorati in termini di miglioramenti o di eventuali peggioramenti?
Misurabilità	Sono qualificabili e quantificabili?
Realismo	Sono raggiungibili in relazione a risorse umane e materiali disponibili?
Inclusione	Sono funzionali ad accrescere autonomia, autodeterminazione, *empowerment* della persona, sono allineati ai suoi desideri?
Partecipazione	Favoriscono la partecipazione sociale e le relazioni di rete amicale, familiare e sociale?

PROGETTO DI VITA
INDICAZIONI e OBIETTIVI
per il miglioramento della Qualità di Vita

(da redigere a cura della ASL e Municipio/Comune, predisposto con la Famiglia e in sinergia con la Scuola)

RITA CENTRA

DIMENSIONI - QUADRO DI SINTESI

BENESSERE FISICO	
BENESSERE MATERIALE	
BENESSERE EMOTIVO	
AUTODETERMINAZIONE	
SVILUPPO PERSONALE	
RELAZIONE INTERPERSONALE	
INCLUSIONE SOCIALE	

Capitolo 3

Modelli già compilati:

PEI *provvisorio* – Infanzia
PEI *definitivo* – Infanzia
PEI *definitivo* – Primaria
PEI *definitivo* – Secondaria 1° grado
PEI *definitivo* – Secondaria 2° grado

SCUOLA DELL'INFANZIA

[INTESTAZIONE DELLA SCUOLA]

PIANO EDUCATIVO INDIVIDUALIZZATO

(ART. 7, D. LGS. 13 APRILE 2017, N. 66 e s.m.i.)

Anno Scolastico 20__/20__

BAMBINO/A ***TERESA***

codice sostitutivo personale ____________

Sezione ***I° A*** Plesso o sede____________________

ACCERTAMENTO DELLA CONDIZIONE DI DISABILITÀ IN ETÀ EVOLUTIVA AI FINI DELL'INCLUSIONE SCOLASTICA rilasciato in data ***10 FEBBRAIO***

Data scadenza o rivedibilità: ☐ ______________ ☐ Non indicata

PROFILO DI FUNZIONAMENTO redatto in data ________________

Nella fase transitoria:

☐ PROFILO DI FUNZIONAMENTO NON DISPONIBILE
DIAGNOSI FUNZIONALE redatta in data ***2019***
PROFILO DINAMICO FUNZIONALE approvato in data _______________

PROGETTO INDIVIDUALE ☐ redatto in data ***2019*** ☐ non redatto

☑ PEI PROVVISORIO	DATA ***15 GIUGNO*** VERBALE ALLEGATO N. _____	FIRMA DEL DIRIGENTE SCOLASTICO[1] ……………………… ◯
APPROVAZIONE DEL PEI E PRIMA SOTTOSCRIZIONE	DATA _______________ VERBALE ALLEGATO N. 1	FIRMA DEL DIRIGENTE SCOLASTICO[1] ……………………… ◯
VERIFICA INTERMEDIA	DATA _______________ VERBALE ALLEGATO N. _____	FIRMA DEL DIRIGENTE SCOLASTICO[1] ……………………… ◯

VERIFICA FINALE E PROPOSTE PER L'A.S. SUCCESSIVO	DATA ____________ VERBALE ALLEGATO N. ______	FIRMA DEL DIRIGENTE SCOLASTICO[1] .... ◯

Composizione del GLO - Gruppo di Lavoro Operativo per l'inclusione

Art. 15, commi 10 e 11 della L. 104/1992 (come modif. dal D.Lgs 96/2019)

Nome e Cognome	*specificare a quale titolo ciascun componente interviene al GLO	FIRMA
1.		
2.		
3.		
4.		
5.		
6.		
7.		
8.		
...		

Eventuali modifiche o integrazioni alla composizione del GLO, successive alla prima convocazione

Data	Nome e Cognome	*specificare a quale titolo ciascun componente interviene al GLO	Variazione (nuovo membro, sostituzione, decadenza...)

1. Quadro informativo

Situazione familiare / descrizione del bambino o della bambina
A cura dei genitori o esercenti la responsabilità genitoriale ovvero di altri componenti del GLO

Teresa è una bambina di 3 anni, ipovedente, figlia unica. I genitori riferiscono un clima familiare sereno, ricco di relazioni stabili, favorito dalla vicinanza fisica di parenti. Maria trascorre le sue giornate giocando con i cuginetti, ama ascoltare la musica e ascoltare il racconto di favole. Effettua terapia riabilitativa presso una struttura privata convenzionata per 6 ore a settimana.

2. Elementi generali desunti dal Profilo di Funzionamento

o, se non disponibile, dalla Diagnosi Funzionale e dal Profilo Dinamico Funzionale (ove compilato)

Sintetica descrizione, considerando in particolare le dimensioni sulle quali va previsto l'intervento e che andranno quindi analizzate nel presente PEI

L'alunna presenta una condizione di ipovisione lieve con un residuo visivo di 3/10 in entrambi gli occhi a causa di Miopia. È presente leggera compromissione della capacità di costruzione dello spazio visivo e del riconoscimento degli oggetti e dei colori. Presente una visione offuscata e un'insicurezza nella motricità globale, soprattutto nell'equilibrio e nell'orientamento dinamico. Non si rilevano ritardi nella motricità fine. La bambina utilizza principalmente il tatto e l'udito per orientarsi e conoscere l'ambiente circostante. È una bambina solare, socievole e collaborativa. Non si rilevano compromissioni nel linguaggio ricettivo ed espressivo.

In base alle indicazioni del Profilo di Funzionamento (o della Diagnosi Funzionale e del Profilo Dinamico Funzionale se non è stato ancora redatto) sono individuate le dimensioni rispetto alle quali è necessario definire nel PEI specifici interventi. Le sezioni del PEI non coinvolte vengono omesse.

Dimensione	Sezione		
Dimensione Socializzazione/Interazione/Relazione	Sezione 4A/5A	☐ Va definita	☑ Va omessa
Dimensione Comunicazione/Linguaggio	Sezione 4B/5B	☐ Va definita	☑ Va omessa
Dimensione Autonomia/ Orientamento	Sezione 4C/5C	☑ Va definita	☐ Va omessa
Dimensione Cognitiva, Neuropsicologica e dell'Apprendimento	Sezione 4D/5D	☑ Va definita	☐ Va omessa

4. Osservazioni sul bambino/a per progettare gli interventi di sostegno didattico

Punti di forza sui quali costruire gli interventi educativo-didattici

a. Dimensione della relazione, dell'interazione e della socializzazione: *Va omessa*
b. Dimensione della comunicazione e del linguaggio: *Va omessa*
c. Dimensione dell'autonomia e dell'orientamento: *Teresa necessita di aiuto a livello di equilibrio motorio e per orientarsi all'interno dell'ambiente circostante. La bambina è serena e tranquilla negli spostamenti, la curiosità la spinge ad esplorare anche se con timore.*
d. Dimensione cognitiva, neuropsicologica e dell'apprendimento: *Le funzioni cognitive sono nella norma, i suoi punti di forza sono la memoria uditiva a breve e lungo termine e la velocità di elaborazione. Presenta un ottimo senso del ritmo. Lo schema della figura umano non è acquisito. Utilizza adeguatamente le mani per afferrare e posizionare oggetti.*

Revisione a seguito di Verifica Intermedia Data:

Specificare i punti oggetto di eventuale revisione	

6. Osservazioni sul contesto: barriere e facilitatori

Osservazioni nel contesto scolastico – fisico, organizzativo, relazionale - con indicazione delle barriere e dei facilitatori a seguito dell'osservazione sistematica del bambino o della bambina e della sezione

la scuola non è preparata ad accogliere la bambina, ci sono molte barriere fisiche che possono limitare la sua autonomia di movimento, in sezione sono presenti troppi ostacoli che possono inibire il movimento. Gli insegnanti non hanno mai seguito alunni con disabilità visive

Revisione a seguito di verifica intermedia Data:

Specificare i punti oggetto di eventuale revisione	

7. Interventi sul contesto per realizzare un ambiente di apprendimento inclusivo

→ *tenendo conto di quanto definito nelle Sezioni 5 e 6, descrivere gli interventi previsti sul contesto e sull'ambiente di apprendimento*

È necessario creare per Teresa condizioni ambientali che facilitino lo sviluppo dell'autonomia personale. Tutte le barriere fisiche che ostacolano il movimento e l'orientamento devono essere eliminate o ridotte:

- *Gli elementi d'arredo all'interno della sezione devono essere modificati, eliminando gli ostacoli. Gli ambienti devono essere sempre ordinati e funzionali agli spostamenti;*
- *Devono essere predisposti angoli predefiniti per le attività e ai bambini verrà assegnata una postazione fissa di lavoro;*
- *Per Teresa verrà predisposto un percorso di accesso facilitato dal quale poter raggiungere i luoghi conosciuti (es. il proprio armadietto, i contenitori con i giocattoli, materiale tiflodidattico, ecc.);*
- *Saranno predisposti elementi facilitatori per il riconoscimento, ad esempio giochi pendenti, percorsi tattili, oggetto segnale sulle porte, angoli con differenti colorazioni;*
- *La disposizione degli arredi deve essere mantenuta il più possibile stabile;*
- *Prevedere incontri di sensibilizzazione ai compagni;*

Programmato un corso di formazione per il team docenti sulle caratteristiche della condizione di ipovisione

11. PEI Provvisorio per l'a. s. successivo

[da compilare a seguito del primo accertamento della condizione di disabilità in età evolutiva ai fini dell'inclusione scolastica]

<table>
<tr><td rowspan="4">Proposta del numerodi ore di sostegno alla classe per l'anno successivo*

* (Art. 7, lettera d) D.Lgs 66/2017)</td><td colspan="5">Partendo dal Verbale di accertamento e dal Profilo di Funzionamento, si individuano le principali dimensioni interessate [Sezione 4] e le condizioni di contesto [Sezione 6], con la previsione degli interventi educativi da attuare ed il relativo fabbisogno di risorse professionali per il sostegno e l'assistenza ……………………………………………………</td></tr>
<tr><td colspan="5">Entità delle difficoltà nello svolgimento delle attività comprese in ciascun dominio/dimensione tenendo conto dei fattori ambientali implicati</td></tr>
<tr><td>Assente ☐</td><td>Lieve ☐</td><td>Media ☐</td><td>Elevata ☐</td><td>Molto elevata ☑</td></tr>
<tr><td colspan="5">Ore di sostegno richieste per l'a. s. successivo 20

con la seguente motivazione: l'alunna necessita per l'inserimento nel nuovo ambiente scolastico di una figura che sia per lei fortemente di riferimento e la accompagni a conoscere e interiorizzare lo spazio della scuola, i docenti e i compagni. La bambina anche se mostra curiosità è timorosa, quindi è importante per lei avere accanto una figura che la sostenga nella scoperta delle persone, nella comunicazione, nell'espressione delle sue necessità. Le ore</td></tr>
</table>

	richieste sono necessarie per una crescita nella dimensione della autonomia e dell'orientamento, nella dimensione cognitiva, neuropsicologica e dell'apprendimento, certi che si avranno benefici nell'ambito relazionale e comunicativo.

Interventi necessari per garantire il diritto allo studio e la frequenza → Assistenza

Assistenza di base (**per azioni di mera assistenza materiale, non riconducibili ad interventi educativi**) igienica □ spostamenti ✓ mensa □ altro □ (specificare...........) Dati relativi all'assistenza di base (collaboratori scolastici, organizzazione oraria ritenuta necessaria)	Assistenza specialistica all'autonomia e/o alla comunicazione (**per azioni riconducibili ad interventi educativi**): Comunicazione: assistenza a bambini/e con disabilità visiva ✓ assistenza a bambini/e con disabilità uditiva □ assistenza a bambini/e con disabilità intellettive e disturbi del neurosviluppo □ Educazione e sviluppo dell'autonomia, nella: cura di sé □ mensa □ altro □ (specificare ....) Dati relativi agli interventi educativi all'autonomia e alla comunicazione (educatori, organizzazione oraria ritenuta necessaria)..

Esigenze di tipo sanitario: comprendono le eventuali somministrazioni di farmaci o altri interventi a supporto di funzioni vitali da assicurare, secondo i bisogni, durante l'orario scolastico.

Somministrazioni di farmaci:

[] non comportano il possesso di cognizioni specialistiche di tipo sanitario, né l'esercizio di discrezionalità tecnicada parte dell'adulto somministratore, ma solo adeguata formazione delle figure professionali coinvolte. Pertanto, possono essere coinvolte figure interne all'istituzione scolastica.
[] comportano cognizioni specialistiche e discrezionalità tecnica da parte dell'adulto somministratore, tali da richiedere il coinvolgimento di figure professionali esterne.

Altre esigenze ed interventi non riferibili esclusivamente alla specifica disabilità sono definiti nelle modalità ritenute più idonee, conservando la relativa documentazione nel fascicolo personale del bambino o della bambina.

PRESENTAZIONE PEI DI ALICE

SCUOLA DELL'INFANZIA

A titolo di esempio si propone il Pei compilato dell'alunna Alice, 5 anni, che frequenta il III anno della scuola dell'Infanzia. Alice ha una diagnosi di Disturbo Evolutivo Specifico Misto, Cod. ICD10 = F83[6]. Le difficoltà sono presenti nell'area del linguaggio, nell'area motoria e nell'area cognitiva. Queste caratteristiche la portano ad essere molto timida con scarsa iniziativa relazionale. Alice può presentare comportamenti problematici come urlare e spogliarsi soprattutto per sfidare gli adulti di riferimento o per ottenere quello che lei vuole.

Nell'elaborazione dell'attuale programmazione ci si è focalizzati sul potenziamento del linguaggio, della motricità fine, delle funzioni esecutive come l'attenzione e la memoria. In accordo con la famiglia e con le terapiste si è deciso di rendere la bambina autonoma nell'utilizzo dei servizi igienici l'anno successivo. La programmazione è stata fatta sulla base di una valutazione funzionale effettuata dalla struttura sanitaria che ha in carico la bambina. Gli obiettivi sono simili a quelli della terapia riabilitativa che la bambina sta seguendo. Condividere questo lavoro confluirà una maggiore efficacia in quanto a scuola Alice potrà beneficiare di attività quotidiane e costanti ma soprattutto più motivanti perché inserite all'interno del gruppo dei pari.

---

[6] F83 - Disturbi evolutivi specifici misti
Definizione: Categoria residua per i disturbi in cui è presente una mescolanza di disturbi evolutivi specifici dell'eloquio e del linguaggio, delle capacità scolastiche e della funzione motoria, ma in cui nessun disturbo prevale in maniera tale da costituire la diagnosi principale. Tale categoria mista deve essere usata solo quando c'è una spiccata sovrapposizione tra questi specifici disturbi evolutivi, i quali sono frequentemente, ma non in ogni caso, associati ad un certo grado di deterioramento cognitivo generale.
Di solito questa Diagnosi viene assegnata quando il bambino è in età prescolare, è presente una disarmonia nello sviluppo e non si vuole assegnare una etichetta diagnostica definitiva. Con la crescita questa diagnosi dovrebbe evolversi verso una categoria più rappresentativa delle difficoltà, ad esempio Ritardo Mentale, Disturbo dello spettro dell'autismo, ecc.

SCUOLA DELL'INFANZIA

[INTESTAZIONE DELLA SCUOLA]

PIANO EDUCATIVO INDIVIDUALIZZATO

(ART. 7, D. LGS. 13 APRILE 2017, N. 66 e s.m.i.)

Anno Scolastico 20__/20__

BAMBINO/A ***ALICE***

codice sostitutivo personale ____________

Sezione ***II° ANNO*** Plesso o sede____________________

ACCERTAMENTO DELLA CONDIZIONE DI DISABILITÀ IN ETÀ EVOLUTIVA AI FINI DELL'INCLUSIONE SCOLASTICA rilasciato in data ***20/10/2019***

Data scadenza o rivedibilità: ☐ ______________ ☐ Non indicata

PROFILO DI FUNZIONAMENTO redatto in data ______________

Nella fase transitoria:

☑ PROFILO DI FUNZIONAMENTO NON DISPONIBILE

DIAGNOSI FUNZIONALE redatta in data ***2019***

PROFILO DINAMICO FUNZIONALE approvato in data ______________

PROGETTO INDIVIDUALE ☑ redatto in data ***2019*** ☐ non redatto

PEI PROVVISORIO	DATA ______________ VERBALE ALLEGATO N. _____	FIRMA DEL DIRIGENTE SCOLASTICO[1] ....
APPROVAZIONE DEL PEI E PRIMA SOTTOSCRIZIONE	DATA ______________ VERBALE ALLEGATO N. 1	FIRMA DEL DIRIGENTE SCOLASTICO[1] ....
VERIFICA INTERMEDIA	DATA ______________ VERBALE ALLEGATO N. _____	FIRMA DEL DIRIGENTE SCOLASTICO[1] ....

VERIFICA FINALE E PROPOSTE PER L'A.S. SUCCESSIVO	DATA ______________ VERBALE ALLEGATO N. _____	FIRMA DEL DIRIGENTE SCOLASTICO[1] ………………………

Composizione del GLO - Gruppo di Lavoro Operativo per l'inclusione

Art. 15, commi 10 e 11 della L. 104/1992 (come modif. dal D.Lgs 96/2019)

Nome e Cognome	*specificare a quale titolo ciascun componente interviene al GLO	FIRMA
9.		
10.		
11.		
12.		
13.		
14.		
15.		
…		

Eventuali modifiche o integrazioni alla composizione del GLO, successive alla prima convocazione

Data	Nome e Cognome	*specificare a quale titolo ciascun componente interviene al GLO	Variazione (nuovo membro, sostituzione, decadenza…)

1. Quadro informativo

Situazione familiare / descrizione del bambino o della bambina
A cura dei genitori o esercenti la responsabilità genitoriale ovvero di altri componenti del GLO

Alice è nata il 7/06/2016 da parto naturale al nono mese di gravidanza. La famiglia è composta da padre, madre, fratello maggiore (8 anni) ed Alice. Attualmente i genitori sono separati con affidamento congiunto, i figli vivono con la mamma nella stessa abitazione in cui sono nati. In un appartamento dello stesso condominio abita anche il papà. Quest'ultimo accompagna la mattina i bambini a scuola e la mamma li riprende all'uscita. I pomeriggi li passano in maniera alternata con un genitore alla volta. La bambina interagisce adeguatamente con gli adulti e il fratello, con i coetanei tende a non avere iniziativa relazionale. Può presentare comportamento oppositivo e va in frustrazione quando non ottiene quello che vuole. Ha un'ottima memoria e apprende in fretta ciò che attira la sua attenzione.
Effettua un intervento riabilitativo presso una struttura privata convenzionata con due accessi settimanali per fare terapia di tipo logopedico e altri tre accessi settimanali per fare terapia di tipo neuro-psicomotorio.

2. Elementi generali desunti dal Profilo di Funzionamento

o, se non disponibile, dalla Diagnosi Funzionale e dal Profilo Dinamico Funzionale (ove compilato)

Sintetica descrizione, considerando in particolare le dimensioni sulle quali va previsto l'intervento e che andranno quindi analizzate nel presente PEI

Alice ha una diagnosi di Disturbo evolutivo specifico misto (Cod. ICD10 = F.83). A livello cognitivo presenta un QI non verbale pari a 70 che si colloca sotto la media (compromissione cognitiva lieve). La capacità di identificazione, cioè la capacità di riconoscere le somiglianze, rappresenta un punto di forza. Il pensiero deduttivo, l'attenzione visiva, la capacità di inibire la distraibilità e l'impulsività, la velocità di esecuzione rappresentano punti di debolezza. Sono presenti compromissioni di grado moderato nell'area del linguaggio (in comprensione e in produzione), compromissioni lievi nella motricità globale e di grado moderato nella motricità fine. Presenta lievi difficoltà nella memoria a breve e lungo termine. Sono presenti gravi difficoltà nella gestione del tempo e nella organizzazione e pianificazione.

In base alle indicazioni del Profilo di Funzionamento (o della Diagnosi Funzionale e del Profilo Dinamico Funzionale se non è stato ancora redatto) sono individuate le dimensioni rispetto alle quali è necessario definire nel PEI specifici interventi. Le sezioni del PEI non coinvolte vengono omesse.

Dimensione	Sezione		
Dimensione Socializzazione/Interazione/Relazione	Sezione 4A/5A	☑ Va definita	☐ Va omessa
Dimensione Comunicazione/Linguaggio	Sezione 4B/5B	☑ Va definita	☐ Va omessa
Dimensione Autonomia/ Orientamento	Sezione 4C/5C	☑ Va definita	☐ Va omessa
Dimensione Cognitiva, Neuropsicologica e dell'Apprendimento	Sezione 4D/5D	☑ Va definita	☐ Va omessa

3. Raccordo con il Progetto Individuale di cui all'art. 14 della Legge 328/2000

a. Sintesi dei contenuti del Progetto Individuale e sue modalità di coordinamento e interazione con il presente PEI, tenendo conto delle considerazioni della famiglia (se il Progetto Individuale è stato già redatto)

Va omessa

b. Indicazioni da considerare nella redazione del progetto individuale di cui all'articolo 14 Legge n. 328/00 (se il progetto individuale è stato richiesto e deve ancora essere redatto)

Va omessa

4. Osservazioni sul bambino/a per progettare gli interventi di sostegno didattico

Punti di forza sui quali costruire gli interventi educativo-didattici

a. Dimensione della relazione, dell'interazione e della socializzazione:

La bambina ha instaurato un rapporto di affetto e di fiducia con le figure adulte di riferimento, che ricerca non solo nel momento del bisogno, ma anche per ricevere manifestazioni affettuose: si siede sulle loro gambe, le guarda negli occhi e si fa coccolare ed abbracciare.

Le piace giocare in modo individuale; seppure tolleri la vicinanza dei compagni non interagisce in modo spontaneo con loro. Si avvicina agli altri nel momento in cui hanno qualcosa che attrae la sua attenzione, ha bisogno della mediazione dell'adulto per favorirne l'interazione. Se sollecitata dall'insegnante, tramite domande e proposte, presenta semplici forme di gioco funzionale e simbolico.

Partecipa a giochi sociali e con regole (es. nascondino, memo, domino…) se guidata dall'insegnante.

Ha imparato a rispettare alcune regole di vita sociale e relazionale stabilite dalla classe di appartenenza (restare seduta durante le attività del cerchio mattutino, rispondere all'appello, partecipare alla ripetizione di canti e filastrocche…). Su comando dell'insegnante svolge alcuni incarichi di responsabilità giornalieri: contare quanti bambini sono presenti in classe, vedere e registrare sul calendario che tempo fa, ecc.).

b. Dimensione della comunicazione e del linguaggio:

Presenta una buona intenzionalità comunicativa sia per esprimere bisogni e desideri (richiedere ad esempio un gioco), sia per esprimere delle preferenze (ad esempio riguardo un'attività da svolgere).

Riesce quasi sempre ad inserire nelle sue richieste il contatto oculare. L'eloquio spontaneo è caratterizzato da frasi stereotipate. Non racconta episodi di vita scolastica o familiare.

Ascolta e ripete con piacere poesie e filastrocche proposte dalle insegnanti, specialmente quando queste vengono supportate da immagini chiare e colorate e da una marcata gestualità mimico-facciale. Le piace partecipare alle attività di canto. Ascolta, comprende e memorizza alcune frasi tratte da piccoli libri illustrati, che l'insegnante le legge. Alice sa denominare oggetti di uso comune e tende ad esprimersi con parole singole, ma se è motivata ad ottenere qualcosa e se l'adulto attende e non rende subito accessibile l'oggetto, sa produrre frasi contenenti 2 o 3 parole. Mostra iniziativa nella comunicazione se motivata a ricevere uno specifico oggetto o a svolgere una particolare attività; è in grado di indicare e richiamare l'attenzione del suo interlocutore sull'oggetto di interesse anche mediante richiesta verbale; Alice è in grado di effettuare una scelta tra numerose attività di gioco e di verbalizzare la sua richiesta.

Rispetto alla comprensione verbale Alice è in grado di eseguire le istruzioni semplici che gli vengono fornite, riesce a comprendere ciò che gli viene detto e a tradurlo in azioni concrete e pertinenti. È in grado di comprendere ed eseguire anche istruzioni composte da due azioni in sequenza, ma quando il tragitto è troppo lungo, o Alice è poco motivata, sembra dimenticarsi una parte dell'istruzione (può bloccarsi o tornare indietro).

c. Dimensione dell'autonomia e dell'orientamento:

Alice non ha raggiunto il controllo sfinterico e indossa il pannolino. Nel lavaggio delle mani la strategia del modeling ha, gradualmente, lasciato il posto alla semplice verbalizzazione delle singole azioni da compiere in sequenza. Durante il pasto, ha imparato a rimanere seduta per tutta la sua durata; si alza solamente a fine pasto per avvicinarsi all'insegnante e sedersi sulle sue gambe. Utilizza autonomamente le posate (forchetta e cucchiaio) pur non riuscendo a impugnarli in modo corretto. Chiede la bottiglietta dell'acqua quando vuole bere; riesce a svitare il tappo della bottiglia, ma necessita di un piccolo aiuto per avvitarlo correttamente. Ripone zaino e giacchetto nel proprio appendiabiti ed entra nella propria classe ricercando un gioco o un'attività libera che le piace particolarmente (es. prende un foglio e i pennarelli ed inizia a disegnare liberamente). È in grado di aprire e chiudere la cerniera dello zaino. Necessita di un aiuto per infilarsi ed allacciare la giacca.

Durante l'attività del colorare necessita di schede adattate per rimanere all'interno dei margini. Riesce ad impugnare correttamente gli strumenti grafici quando l'insegnante le mostra fisicamente come fare, o quando le agevola il compito facendole usare un gommino apposito da applicare al mezzo grafico per favorirne la presa. Sta iniziando ad utilizzare le forbici a doppia presa per imparare a tagliare. Riesce a strappare pezzetti di carta, ma presenta difficoltà ad arrotolarli/accartocciarli. Non le piace particolarmente manipolare materiali plastici come il pongo.

Dal punto di vista motorio corre, salta, rotola, sale e scende le scale tenendosi al corrimano. Lancia la palla ma non la riceve o la calcia. Mostra maggiori incertezze nel rimanere in equilibrio. *Si muove negli spazi scolastici con autonomia e sicurezza, sapendo esattamente dove andare.*
d. Dimensione cognitiva, neuropsicologica e dell'apprendimento: *Alice presta attenzione durante un compito per un massimo di 5-6 minuti. È tollerante alle attese; rimane seduta al suo posto per tutta la durata del "momento del riposo", ascoltando musica rilassante e sfogliando un libricino.* *Alice è capace di associare il numero alla quantità corrispondente in una scala da 1 a 5, conosce la sequenza dei numeri e sa contare in modo progressivo da 1 a 10, ripete i numeri e li riconosce. Alice è in grado di riconoscere e denominare tutte le lettere dell'alfabeto. Distingue il cartellino con scritto il suo nome. Riesce a ricostruire puzzle di 12 pezzi. Conosce i principali concetti topologici (sopra/sotto; dentro/fuori). Dimostra di conoscere tutti i colori e le principali forme geometriche (quadrato, cerchio, triangolo e rettangolo). Esegue classificazioni di oggetti, tenendo conto di una singola caratteristica alla volta (forma, colore, dimensione).* *Per portare a termine correttamente un'attività didattica necessita della presenza dell'insegnante che la guida e la sollecita. Tuttavia, di fronte a compiti di suo gradimento, in cui si sente maggiormente sicura, allontana l'insegnante per poterli svolgere in modo autonomo.*

Revisione a seguito di Verifica Intermedia Data: **10 marzo**

Specificare i punti oggetto di eventuale revisione	*In seguito ad osservazione diretta condotta dalle insegnanti si rileva un miglioramento nell'interazione spontanea con i coetanei da parte dell'alunna. Nella dimensione della comunicazione Alice pronuncia alcune frasi semplici (composte da 2 parole). Nella comprensione riesce ad ascoltare, comprendere e ritenere frasi più complesse. Nella dimensione dell'autonomia l'alunna riesce a completare la procedura del lavare le mani completamente in autonomia. Il miglioramento della presa del mezzo grafico la porta ad essere più precisa nel colorare all'interno di margini. In generale nel comportamento di lavoro durante le attività strutturate l'alunna presenta una maggiore autonomia, alcune schede riesce a completarle da sola oppure facendo riferimento al lavoro svolto dal compagno.*

5. Interventi per il bambino/a: obiettivi educativi e didattici, strumenti, strategie e modalità

A. Dimensione: RELAZIONE / INTERAZIONE / SOCIALIZZAZIONE → *si faccia riferimento alla sfera affettivo relazionale, considerando l'area del sé, il rapporto con gli altri, la motivazione verso la relazione consapevole, anche con il gruppo dei pari, le interazioni con gli adulti di riferimento nel contesto scolastico, la motivazione all'apprendimento*

OBIETTIVI, specificando anche gli esiti attesi	*Obiettivi: imparare a condividere momenti di gioco funzionale e simbolico con uno o due compagni scelti* *Esito atteso: riuscire a svolgere un gioco/attività con uno o due compagni scelti almeno 1 volta al giorno.*
INTERVENTI DIDATTICI E METODOLOGICI, STRATEGIE E STRUMENTI finalizzati al raggiungimento degli obiettivi	*Attività:* • *Partire dall'attività che piace alla bambina e imitare le sue azioni;* • *Proporre attività con coppie identiche di oggetti e posizionarsi davanti per farsi imitare* • *Mettere di fronte un compagno a giocare e guidare Alice ad imitarlo* *Strategie:* • *Modalità di gioco parallelo* • *Giochi di imitazione* *Strumenti:* • *Coppie identiche di giocattoli e oggetti interessanti per la bambina (come maracas, macchinine, palline, giocattoli musicali, bolle, palloncini, corde colorate, giocattoli a molla, piattini, posate, bicchieri, plastilina, marionette, pettini, spazzolini, ecc.)*
OBIETTIVI, specificando anche gli esiti attesi	*Obiettivi:* *Rispettare il proprio turno in attività di giochi strutturati (giochi da tavolo).* *Esiti attesi: riuscire a svolgere un gioco su turni con uno o due compagni scelti almeno 1 volta al giorno.*
INTERVENTI DIDATTICI E METODOLOGICI, STRATEGIE E STRUMENTI finalizzati al raggiungimento degli obiettivi	*Attività:* *Gioco dei gettoni, gioco delle carte, domino, memory, percorsi psicomotori* *Strategie:*

	Proporre i giochi in modalità vis-a-vis con le insegnanti, in seguito, quando Alice accetta l'alternanza del turno, inserire i compagni di classe e aumentare gradualmente la numerosità del gruppo *Strumenti:* *fogli, plastificatrice, fogli per plastificare, forbici, tessere di cartoncino, struttura di plastica per infilare i gettoni, carte da gioco, bacinelle, bicchieri, vassoi, costruzioni*

B. Dimensione: COMUNICAZIONE / LINGUAGGIO → *si faccia riferimento alla competenza linguistica, intesa come comprensione del linguaggio orale, produzione verbale e relativo uso comunicativo del linguaggio verbale o di linguaggi alternativi o integrativi; si consideri anche la dimensione comunicazionale, intesa come modalità di interazione, presenza e tipologia di contenuti prevalenti, utilizzo di mezzi privilegiati*

OBIETTIVI, specificando anche gli esiti attesi	*Obiettivi: ampliare il bagaglio lessicale relativo alle azioni e preposizioni; ascoltare e comprendere brevi racconti supportati da immagini.* *Esiti attesi: denominare almeno 15 azioni su 20 proposti e rielaborare oralmente un breve racconto a settimana supportato da immagini*
INTERVENTI DIDATTICI E METODOLOGICI, STRATEGIE E STRUMENTI finalizzati al raggiungimento degli obiettivi	*Attività:* • *Costruzione e osservazione del "libro delle azioni" (immagini che indicano azioni comuni compiute da Alice e dai suoi compagni)* • *Ripetizione di canti e filastrocche;* • *Lettura di brevi racconti illustrati con relativa drammatizzazione;* • *Ricostruzione di storie in sequenza.* *Strategie:* • *Utilizzare supporti visivi (immagini chiare e colorate o foto) per favorire l'associazione parola/significato* • *Circle time:* • *Assegnare incarichi o piccole consegne;* *Strumenti:* *Utilizzare immagini attacca/stacca per riordinare la sequenza di brevi storie, foto di Alice e dei compagni, testi illustrati molto grandi, quadernone ad anelli*

C. Dimensione: AUTONOMIA/ORIENTAMENTO → *si faccia riferimento all'autonomia della persona e all'autonomia sociale, alle dimensioni motorio-prassica (motricità globale, motricità fine, prassie semplici e complesse) e sensoriale (funzionalità visiva, uditiva, tattile)*

OBIETTIVI, specificando anche gli esiti attesi	*Obiettivi:* • *Impugnare correttamente gli strumenti grafici e le posate;* • *Ritagliare lungo una linea;* • *Colorare figure rispettando i contorni.* *Esito atteso: svolgere queste attività in autonomia almeno una volta al giorno*
INTERVENTI DIDATTICI E METODOLOGICI, STRATEGIE E STRUMENTI finalizzati al raggiungimento degli obiettivi	*Attività:* • *Colorare con le spugnature* • *Tracciare percorsi già predisposti con i colori a dita* • *Colorare schede adattate con i margini in rilievo* • *Ritagliare immagini preferite dalla bambina* • *Attività manipolative;* • *Attività grafiche;* • *Attività strutturate al tavolo in piccolo gruppo;* *Strategie:* • *Guida fisica* • *Utilizzo di strumenti compensativi e facilitanti* • *Proporre schede su argomenti interessanti per Alice* • *Apprendimento per imitazione* *Strumenti:* *Forbici con doppia impugnatura, colla per mettere in rilievo i margini delle figure, gommini per facilitare l'impugnatura, spugna, tempere, fogli bianchi grandi e piccoli, cartoncino, nastro adesivo, cucchiaino, contenitore di plastica, fogli di sughero, pennarelli, colori a cera.*

D. Dimensione COGNITIVA, NEUROPSICOLOGICA E DELL'APPRENDIMENTO → *capacità mnesiche, intellettive e organizzazione spazio-temporale; livello di sviluppo raggiunto in ordine alle strategie utilizzate per la risoluzione di compiti propri per la fascia d'età, agli stili cognitivi, alla capacità di integrare competenze diverse per la risoluzione di compiti, alle competenze di lettura, scrittura, calcolo, decodifica di testi o messaggi*

OBIETTIVI, specificando anche gli esiti attesi	*Obiettivi e esiti attesi:* • *Aumentare i tempi attentivi fino a 10 minuti* • *Associare i numeri alla quantità fino al 10* • *Comprendere e utilizzare concetti temporali (prima/dopo/infine);*

	• *Scrivere le lettere dell'alfabeto;* • *Ricordare almeno una poesia/filastrocca, canzone al mese*
INTERVENTI DIDATTICI E METODOLOGICI, STRATEGIE E STRUMENTI finalizzati al raggiungimento degli obiettivi	*Attività:* • *Proporre canti e filastrocche in piccolo gruppo;* • *Lettura di brevi racconti illustrati e ricostruzione, tramite immagini attacca-stacca, della sequenza cronologica della storia;* • *Costruzione di lettere tridimensionali con materiali naturali* • *Scrivere lettere unendo i puntini o sulla sabbia* • *Attività strutturate di associazione numero/quantità* *Strategie:* • *Metodologia dell'apprendimento senza errori* • *Visualizzazione dei testi attraverso immagini* • *Tutoring e apprendimento cooperativo* *Strumenti:* *Software di Comunicazione Aumentativa Alternativa (CAA), piccoli oggetti di diverso tipo (gomme, macchinine...), lavagna per chiodini e chiodini colorati, adesivi colorati o disegni di cartoni animati, scatole, abaco, velcro*

Revisione a seguito di verifica intermedia **Data: 10 marzo**

Specificare i punti eventualmente oggetto di revisione relativi alle Dimensioni interessate	*Visto che nella dimensione della relazione/interazione e socializzazione si è raggiunto l'obiettivo di rispettare il turno di gioco è stato aggiunto un ulteriore obiettivo: "Costruire scene di gioco simbolico con i coetanei" da raggiungere attraverso attività ludiche di modeling e videomodeling utilizzando giocattoli in miniatura, travestimenti, video, libri illustrati.*

Verifica conclusiva degli esiti **Data: 25 maggio**

Con verifica dei risultati conseguiti e valutazione sull'efficacia di interventi, strategie e strumenti	*In base ad un'osservazione diretta nel contesto scolastico e a quanto riferito dei genitori si rileva il raggiungimento di tutti gli obiettivi elencati nella presente sezione.*

6. Osservazioni sul contesto: barriere e facilitatori

Osservazioni nel contesto scolastico – fisico, organizzativo, relazionale - con indicazione delle barriere e dei facilitatori a seguito dell'osservazione sistematica del bambino o della bambina e della sezione

Facilitatori: *L'ambiente fisico è ben definito e disposto: l'accesso all'Istituto avviene attraverso una grande rampa di cemento che porta a larghi corridoi che terminano nelle varie aule. Le aule sono ampie, luminose e con arredi pertinenti all'uso. Sono strutturate e divise in angoli come l'angolo della manipolazione, dei travestimenti, della cucina, dei libri, del lavoro indipendente. I compagni di classe sono entusiasti nel fare da tutor. Tra i docenti del team di classe si coopera per cercare di annullare o quanto meno limare le differenze che possono insorgere sia dal punto di vista relazionale che da quello degli apprendimenti* *Barriera:* *Mancanza di un'aula vuota che funga da posto tranquillo e riparato quando Alice urla oppure si toglie il pannolino per sfidare l'adulto*

Revisione a seguito di verifica intermedia Data: **10 marzo**

Specificare i punti oggetto di eventuale revisione	*È stata individuata una piccola aula vuota ma tranquilla e strutturata da utilizzare nei momenti di decompressione e durante lo svolgimento di compiti soprattutto di tipo verbale.*

7. Interventi sul contesto per realizzare un ambiente di apprendimento inclusivo

→ *tenendo conto di quanto definito nelle Sezioni 5 e 6, descrivere gli interventi previsti sul contesto e sull'ambiente di apprendimento*

Organizzare un angolo "morbido" dove accogliere la bambina quando vuole rilassarsi e leggere i suoi libricini. *Introdurre lo "schema della giornata", costruito con immagini/foto, per poter ordinare in sequenze la sua giornata scolastica. Permettergli di capire quando potrà giocare e quando invece dovrà svolgere un'attività didattica.*

Revisione a seguito di verifica intermedia **Data: 10 marzo**

Specificare i punti oggetto di eventuale revisione	*È stato organizzato "l'angolo morbido" per favorire il rilassamento dell'alunna*

Verifica conclusiva degli esiti **Data: 25 maggio**

con verifica dei risultati conseguiti e valutazione sull'efficacia di interventi, strategie e strumenti	*L'utilizzo dell'auletta vuota e dell'angolo morbido hanno fatto diminuire in frequenza i comportamenti problematici.*

8. Interventi sul percorso curricolare

8.1 Interventi educativo-didattici, strategie, strumenti nei diversi campi di esperienza

Modalità di sostegno educativo-didattici e ulteriori interventi di inclusione	*Per raggiungere gli obiettivi programmati:* • *partire da quello che piace alla bambina e dai suoi interessi e realizzare le attività con gli oggetti e sulle tematiche che preferisce;* • *sperimentare un'ampia lista di attività e oggetti con Alice allo scopo di allargare i suoi interessi;* • *presentare dei compiti auto-esplicativi, cioè organizzati in modo che sia evidente il tipo di compito richiesto, il suo inizio e il termine;* • *strutturare l'ambiente e il tempo per permettere alla bambina di raggiungere un senso di prevedibilità rispetto a ciò che deve accadere;* • *alternare le attività (compiti richiesti dall'adulto a compiti piacevoli per Alice)* • *Riflettere sull'attività proposta per adattarla alle sue capacità e alla sua motivazione* • *Chiedere di eseguire una piccola richiesta prima di fornire un rinforzo.*

Revisione a seguito di verifica intermedia **Data: 10 marzo**

Specificare i punti oggetto di eventuale revisione	*Nessun punto è stato oggetto di revisione*

Verifica conclusiva degli esiti **Data: 25 maggio**

con verifica dei risultati educativo-didattici conseguiti e valutazione sull'efficacia di interventi, strategie e strumenti riferiti anche all'ambiente di apprendimento. *NB: la valutazione dei traguardi di sviluppo delle competenze previste nei campi di esperienza delle indicazioni nazionali è effettuata da tutti i docenti della sezione.*	*La verifica è stata effettuata in modalità individuale e con verifiche mensili di tipo orale alla presenza del gruppo classe direttamente dal team docente. Gli obiettivi sono stati tutti raggiunti*

9. Organizzazione generale del progetto di inclusione e utilizzo delle risorse

Tabella orario settimanale

(da adattare - a cura della scuola - in base all'effettivo orario della sezione)

Per ogni ora specificare:

- se il/la bambino/a è presente a scuola salvo assenze occasionali presente non serve specificare) — Pres. · (se è sempre
- se è presente l'insegnante di sostegno — Sost. ·
- se è presente l'assistente all'autonomia o alla comunicazione — Ass. ·

Orario	Lunedì	Martedì	Mercoledì	Giovedì	Venerdì	Sabato
8.00-9.00	Pres. · Sost. · Ass. ·					
9.00-10.00	Pres. · Sost. · Ass. ·					
10.00-11.00	Pres. · Sost. · Ass. ·					
11.00-12.00	Pres. · Sost. · Ass. ·					
12.00-13.00	Pres. · Sost. · Ass. ·					
...	...					

Il/la bambino/a frequenta con orario ridotto? ✓	· Sì: è presente a scuola per **32** ore settimanali rispetto alle 40 ore della classe, nel periodo ***settembre – giugno*** (indicare il periodo dell'anno scolastico), su richiesta della famiglia e degli specialisti sanitari, in accordo con la scuola, per le seguenti motivazioni: L'alunna necessita di effettuare terapia riabilitativa nelle prime ore della mattina · No, frequenta regolarmente tutte le ore previste per la classe
Il/la bambino/a è sempre nella sezione?	· Sì ✓ No, in base all'orario svolge nel periodo ***settembre – giugno*** *5-8 ore* in altri spazi per le seguenti attività ***giochi e compiti per migliorare il linguaggio ricettivo ed espressivo*** con un gruppo di compagni ovvero individualmente per le seguenti oggettive, comprovate e particolari circostanze educative e didattiche ***migliorare il comportamento di lavoro e l'attenzione***
Insegnante per le attività di sostegno	Numero di ore settimanali **22**

Risorse destinate agli interventi di assistenza igienica e di base	Descrizione del servizio svolto dai collaboratori scolastici ***assistenza alle autonomie personale***
Risorse professionali destinate all'assistenza, all'autonomia e/o alla comunicazione	Tipologia di assistenza / figura professionale ***educatore professionale*** Numero di ore settimanali condivise con l'Ente competente ***<u>10</u>***
Altre risorse professionali presenti nella scuola/sezione	[ ] docenti della sezione o della scuola in possesso del titolo di specializzazione per le attività di sostegno [ ] docenti dell'organico dell'autonomia coinvolti/e in progetti di inclusione o in specifiche attività rivolte al/alla bambino/a e/o alla sezione [ ] altro ___________________________

Uscite didattiche e visite guidate	Interventi previsti per consentire al bambino o alla bambina di partecipare alle uscite didattiche e alle visite guidate organizzate per la sezione________
Strategie per la prevenzione e l'eventuale gestione di situazioni e comportamenti problematici	
Attività o progetti sull'inclusione rivolti alla classe	
Trasporto Scolastico	Indicare le modalità di svolgimento del servizio ___________________________

Interventi e attività extrascolastiche attive

Attività terapeutico-riabilitative	n° ore	struttura	Obiettivi perseguiti ed eventuali raccordi con il PEI	NOTE (altre informazioni utili)
Attività extrascolastiche di tipo formale, informale e non formale (es: attività ludico/ricreative, motorie, artistiche, etc.)		supporto	Obiettivi perseguiti ed eventuali raccordi con il PEI	NOTE (altre informazioni utili)

Revisione a seguito di Verifica intermedia

Specificare i punti oggetto di eventuale revisione relativi alle risorse professionali dedicato	*Nessun punto è stato oggetto di revisione*

Data: ______________

11. Verifica finale/Proposte per le risorse professionali e i servizi di supporto necessari

Verifica finale del PEI Valutazione globale dei risultati raggiunti (con riferimento agli elementi di verifica delle varie Sezioni del PEI)	*L'alunna si è dimostrata interessata, collaborativa, motivata e aperta alla relazione soprattutto con i docenti e poi con i pari. Il percorso d'inclusione prosegue positivamente. L'alunna ha raggiunto i suoi obiettivi in tutte le discipline. Gli obiettivi principali miravano alla comprensione, all'acquisizione di nuove conoscenze e soprattutto all'autonomia operativa, personale e sociale. L'acquisizione di contenuti si è verificata laddove le attività hanno interessato particolarmente l'alunna. L'autonomia è stata sollecitata più possibile.*

Aggiornamento delle condizioni di contesto e progettazione per l'a.s. successivo [Sez. 5-6-7]

Suggerimenti, proposte, strategie che hanno particolarmente funzionato e che potrebbero essere riproposti; criticità emerse su cui intervenire, etc...	*Per quanto riguarda l'intervento di sostegno educativo-didattico per il prossimo anno si suggerisce di lavorare con la stessa modalità e flessibilità utilizzata finora. Si consiglia di continuare il lavoro di mediazione con i coetanei per favorire ulteriormente l'interazione spontanea da parte dell'alunna*

Interventi necessari per garantire il diritto allo studio e la frequenza → Assistenza

Assistenza di base (per azioni di mera assistenza materiale, non riconducibili ad interventi educativi) *igienica* ☑ *spostamenti* □ *mensa* □ *altro* □ *(specificare.........)* Dati relativi all'assistenza di base (collaboratori scolastici, organizzazione oraria ritenuta necessaria)	Assistenza specialistica all'autonomia e/o alla comunicazione (per azioni riconducibili ad interventi educativi): Comunicazione: assistenza a bambini/e con disabilità visiva □ assistenza a bambini/e con disabilità uditiva □ assistenza a bambini/e con disabilità intellettive e disturbi del neurosviluppo ☑ Educazione e sviluppo dell'autonomia, nella: cura di sé □ mensa □ altro □ (specificare) Dati relativi agli interventi educativi all'autonomia e alla comunicazione (educatori, organizzazione oraria ritenuta necessaria)
Esigenze di tipo sanitario: comprendono le eventuali somministrazioni di farmaci o altri interventi a supporto di funzioni vitali da assicurare, secondo i bisogni, durante l'orario scolastico. Somministrazioni di farmaci: [] non comportano il possesso di cognizioni specialistiche di tipo sanitario, né l'esercizio di discrezionalità tecnica da parte dell'adulto somministratore, ma solo adeguata formazione delle figure professionali coinvolte. Pertanto, possono essere coinvolte figure interne all'istituzione scolastica. [ ] comportano cognizioni specialistiche e discrezionalità tecnica da parte dell'adulto somministratore, tali da richiedere il coinvolgimento di figure professionali esterne. Altre esigenze ed interventi non riferibili esclusivamente alla specifica disabilità sono definiti nelle modalità ritenute più idonee, conservando la relativa documentazione nel fascicolo personale del bambino o della bambina.	
Arredi speciali, Ausili didattici, informatici, ecc.)	Specificare la tipologia e le modalità di utilizzo

Proposta del numero di ore di sostegno per l'anno successivo*	Partendo dall'organizzazione delle attività di sostegno didattico e dalle osservazioni sistematiche svolte, tenuto conto ☐ del Verbale di accertamento ☐ del Profilo di Funzionamento e del suo eventuale ☐ aggiornamento, secondo quanto disposto all'art. 18 del Decreto Interministeriale n.182/2020, oltre che dei risultati raggiunti, nonché di eventuali difficoltà emerse durante l'anno, si propone - nell'ambito di quanto previsto dal D.Lgs 66/2017 e dal citato DI 182/2020 - il seguente fabbisogno di ore di sostegno. Ore di sostegno richieste per l'a. s. successivo *22 ore* con la seguente motivazione: ......*proseguire il lavoro di supporto alla socializzazione e autonomia*
Proposta delle risorse da destinare agli interventi di assistenza igienica e di base e delle risorse professionali da destinare all'assistenza, all'autonomia e/o alla comunicazione, per l'anno successivo* * (Art. 7, lettera d) D.Lgs 66/2017)	Partendo dalle osservazioni descritte nelle Sezioni 4 e 6 e dagli interventi descritti nelle Sezioni n. 5 e 7, tenuto conto ☐ del Verbale di accertamento ☐ del Profilo di Funzionamento e del suo eventuale ☐ aggiornamento, e dei risultati raggiunti, nonché di eventuali difficoltà emerse durante l'anno: - si indica il fabbisogno di risorse da destinare agli interventi di assistenza igienica e di base, nel modo seguente: *assistenza di base legata alle routinedi igiene personale e al cambio del pannolino* - si indica, come segue, il fabbisogno di risorse professionali da destinare all'assistenza, all'autonomia e/o alla comunicazione - nell'ambito di quanto previsto dal Decreto Interministeriale 182/2020 e dall'Accordo di cui all'art. 3, comma 5*bis* del D.Lgs 66/2017 - per l'a. s. successivo: tipologia di assistenza / figura professionale *assistente alla comunicazione per N. ore 10* (1).
Eventuali esigenze correlate al trasporto del bambino o della bambina da e verso la Scuola	

(1) L'indicazione delle ore è finalizzata unicamente a permettere al Dirigente Scolastico di formulare la richiesta complessiva d'Istituto delle misure di sostegno ulteriori rispetto a quelle didattiche, da proporre e condividere con l'Ente Territoriale

La verifica finale, con la proposta del numero di ore di sostegno e delle risorse da destinare agli interventi di assistenza igienica e di base, nonché delle tipologie di assistenza/figure professionali da destinare all'assistenza, all'autonomia e/o alla comunicazione, per l'anno scolastico successivo, è stata approvata dal GLO in data ______________________________

Come risulta da verbale n. ____allegato

Nome e Cognome	*specificare a quale titolo ciascun componente interviene al GLO	FIRMA
1.		
2.		
3.		
4.		
5.		
6.		
7.		
8.		
9.		
10.		
11.		
12.		

PRESENTAZIONE PEI DI FEDERICO

SCUOLA PRIMARIA

A titolo di esempio si propone il Pei compilato dell'alunno Federico, che frequenta il V anno della scuola primaria. Federico ha una diagnosi di Disturbo Specifico di Apprendimento (DSA) con compromissione:

- della *lettura (dislessia)* di grado *moderato* caratterizzato da bassa velocità e accuratezza (cod. ICD10 F81.0[7]);
- *dell'espressione scritta (disortografia)* di grado *grave,* caratterizzato da insufficiente accuratezza nell'ortografia associato a bassa fluenza grafo-motoria (cod. ICD10 F81.8[8]).
- con compromissione del *calcolo* di grado *lieve* (cod. ICD10 F81.2[9]), caratterizzato da inadeguato calcolo accurato o fluente (discalculia).
  È associata anche una diagnosi di Sindrome Ansiosa Generalizzata dell'Infanzia, cod. ICD10 F93.80[10].

---

[7] **F81.0 Disturbo specifico della lettura**
Definizione: La principale caratteristica di questo disturbo è una specifica e significativa compromissione nello sviluppo della capacità di lettura, che non è spiegata solamente dall'età mentale, da problemi di acutezza visiva o da inadeguata istruzione scolastica. La capacità di comprensione della lettura, il riconoscimento della parola nella lettura, la capacità di leggere ad alta voce e le prestazioni nei compiti che richiedono la lettura possono essere tutti interessati. Difficoltà nella compitazione (lettura eseguita distinguendo i suoni o pronunciando separatamente le sillabe, per lo più a scopo didattico e propedeutico) sono frequentemente associate con il disturbo specifico della lettura e spesso persistono nell'adolescenza anche dopo che qualche progresso è stato fatto nella lettura. I disturbi specifici della lettura frequentemente sono preceduti da una storia di disturbi evolutivi specifici dell'eloquio e del linguaggio.
Il disturbo descritto interferisce significativamente con il profitto scolastico o con le attività quotidiane che richiedono abilità nella lettura ma non deriva da un difetto della vista o dell'udito o da una sindrome neurologica.

[8] **F81.8 Altri disturbi delle abilità scolastiche**
Definizione: disturbo evolutivo espressivo della scrittura. Questo codice viene utilizzato quando le compromissioni nella scrittura sono a carico di entrambe le componenti ortografica e grafo-motoria. In sintesi, prevede, oltre alle difficoltà ortografiche chiamate «difficoltà nell'accuratezza dello spelling», anche difficoltà nell'accuratezza della grammatica e della punteggiatura e difficoltà nella chiarezza/organizzazione dell'espressione scritta. Questo codice va utilizzato in caso di problematicità nella realizzazione grafica e in assenza di disturbi della coordinazione motoria.

[9] **F81.2 Disturbo specifico delle abilità aritmetiche**
Definizione: Questo disturbo implica una specifica compromissione delle abilità aritmetiche che non è solamente spiegabile in base a un'istruzione scolastica inadeguata. Il deficit riguarda la padronanza delle capacità di calcolo fondamentali, come addizione, sottrazione, moltiplicazione, piuttosto che delle capacità di calcolo matematico più astratto coinvolte nell'algebra, nella trigonometria o nella geometria. Le difficoltà nel calcolo sono state presenti sin dalle prime fasi di apprendimento dell'aritmetica. Questi disturbi interferiscono con il profitto scolastico o con le attività quotidiane che richiedono abilità aritmetiche.

[10] **F93.80 Sindrome Ansiosa Generalizzata dell'Infanzia**
Definizione: Ansia e preoccupazione diffusa si verificano per almeno 6 mesi e sono relative a più di un evento o attività (rendimento scolastico e socializzazione). L'ansia o i sintomi somatici determinano disagio clinicamente significativo o compromissione nell'ambito sociale, scolastico e altro. Il soggetto trova difficile controllare la preoccupazione. Sono presenti almeno tre dei seguenti sintomi:
- irrequietezza, sensazione di sentirsi "eccitato" o "sul filo del rasoio", incapacità a rilassarsi;
- sentirsi stanco, "sfinito" o facilmente affaticato a causa della preoccupazione o ansia
- difficoltà a concentrarsi o "vuoto mentale";
- irritabilità;
- tensione muscolare;
- disturbi del sonno.

In base a quanto risultato dalla diagnosi funzionale e dall'osservazione scolastica le difficoltà sono sostanzialmente a livello emotivo-sociale e a livello neuropsicologico e degli apprendimenti, per questa ragione nell'elaborazione dell'attuale programmazione ci si è focalizzati su due punti e dimensioni:

- nella dimensione sociale, si lavorerà sulla regolazione emotiva e comportamentale dell'alunno all'interno del gruppo classe;
- nella dimensione cognitiva, neuropsicologica e dell'apprendimento, si allungheranno i tempi di attenzione, si compenserà la memoria di lavoro e si migliorerà la scrittura di testi scritti.

SCUOLA PRIMARIA

[INTESTAZIONE DELLA SCUOLA]

PIANO EDUCATIVO INDIVIDUALIZZATO

(ART. 7, D. LGS. 13 APRILE 2017, N. 66 e s.m.i.)

Anno Scolastico 20__/20__

ALUNNO/A ***FEDERICO***

codice sostitutivo personale ____________

Classe ***V° PRIMARIA*** Plesso o sede ____________________

ACCERTAMENTO DELLA CONDIZIONE DI DISABILITÀ IN ETÀ EVOLUTIVA AI FINI DELL'INCLUSIONE SCOLASTICA rilasciato in data ***2019***

Data scadenza o rivedibilità: ☑ ***2024*** ☐ Non indicata

PROFILO DI FUNZIONAMENTO redatto in data ______________

Nella fase transitoria:

☑ PROFILO DI FUNZIONAMENTO NON DISPONIBILE

DIAGNOSI FUNZIONALE redatta in data ***2019***

PROFILO DINAMICO FUNZIONALE IN VIGORE approvato in data ______________

PROGETTO INDIVIDUALE ☐ redatto in data _______ ☑ non redatto

PEI PROVVISORIO	DATA _______________ VERBALE ALLEGATO N. _____	FIRMA DEL DIRIGENTE SCOLASTICO[1] ………………………
APPROVAZIONE DEL PEI E PRIMA SOTTOSCRIZIONE	DATA _______________ VERBALE ALLEGATO N. 1	FIRMA DEL DIRIGENTE SCOLASTICO[1] ………………………
VERIFICA INTERMEDIA	DATA _______________ VERBALE ALLEGATO N. _____	FIRMA DEL DIRIGENTE SCOLASTICO[1] ………………………

VERIFICA FINALE E PROPOSTE PER L'A.S. SUCCESSIVO	DATA ______________ VERBALE ALLEGATO N. _____	FIRMA DEL DIRIGENTE SCOLASTICO[1] ....

Composizione del GLO - Gruppo di Lavoro Operativo per l'inclusione

Art. 15, commi 10 e 11 della L. 104/1992 (come modif. dal D.Lgs 96/2019)

Nome e Cognome	*specificare a quale titolo ciascun componente interviene al GLO	FIRMA
1.		
2.		
3.		
4.		
5.		
6.		
7.		
8.		
9.		
...		

Eventuali modifiche o integrazioni alla composizione del GLO, successive alla prima convocazione

Data	Nome e Cognome	*specificare a quale titolo ciascun componente interviene al GLO	Variazione (nuovo membro, sostituzione, decadenza...)

1. Quadro informativo

Situazione familiare / descrizione dell'alunno o dell'alunna
A cura dei genitori o esercenti la responsabilità genitoriale ovvero di altri componenti del GLO

Federico è nato il 23 maggio del 2011. Prima di iniziare la scuola primaria ha effettuato una terapia di tipo logopedico per 1 anno perché il suo linguaggio non era intellegibile. Federico è un bambino che necessita di continue rassicurazioni, tende a preoccuparsi molto quando deve affrontare un compito scolastico o di altro tipo. Spesso percepisce i vari impegni, soprattutto quelli scolastici, come estremamente gravosi e questo lo mette in uno stato di estrema preoccupazione e irritabilità, che può sfociare in crisi di pianto. Con una frequenza settimanale Federico lamenta forti mal di pancia e se si trova a scuola chiede, con insistenza, di telefonare e di tornare a casa. Tende ad evitare altri impegni sportivi ed extra-scolastici perché impiega molte ore per fare i compiti. Si lamenta, infatti, di dover effettuare due interventi riabilitativi extrascolastici a settimana.
La famiglia è composta da padre, madre, Federico e due sorelle più piccole (4 anni e 6 anni). La sorella di 6 anni ha una diagnosi di Disturbo dello Spettro dell'Autismo, frequenta lo stesso istituto scolastico. Visto gli impegni di tipo riabilitativo dei due figli la madre ha dovuto rinunciare al suo lavoro per occuparsi dell'organizzazione familiare.

2. Elementi generali desunti dal Profilo di Funzionamento

o, se non disponibile, dalla Diagnosi Funzionale e dal Profilo dinamico funzionale (ove compilato)

Sintetica descrizione, considerando in particolare le dimensioni sulle quali va previsto l'intervento e che andranno quindi analizzate nel presente PEI

Federico ha un Disturbo Specifico di Apprendimento (DSA) con compromissione:

- *della lettura (dislessia) di grado moderato caratterizzato da bassa velocità e accuratezza (cod. ICD10 F81.0);*
- *dell'espressione scritta (disortografia) di grado grave, caratterizzato da insufficiente accuratezza nell'ortografia associato a bassa fluenza grafo-motoria (cod. ICD10 F81.8).*
- *con compromissione del calcolo di grado lieve (cod. ICD10 F81.2), caratterizzato da inadeguato calcolo accurato o fluente (discalculia).*

È associata anche una diagnosi di Sindrome Ansiosa Generalizzata dell'Infanzia, cod. ICD10 F93.80

Alla valutazione cognitiva Federico ottiene un punteggio di QI pari a 113 che si colloca nella media. Il profilo cognitivo risulta talmente disomogeneo da rendere non attendibile il QI di 113 come stima generale delle abilità cognitive. I punti di forza di Federico sono la capacità di comprensione verbale, la capacità di astrazione soprattutto su base uditiva ma anche su base visiva, la capacità lessicale, il senso pratico, il pensiero deduttivo e la capacità di analisi del dettaglio visivo. I punti di debolezza sono la memoria uditiva a breve termine sequenziale, le capacità visuo-motorie e la velocità di esecuzione. La memoria a lungo termine è significativamente superiore alla memoria a breve termine, questo risultato può indicare che Federico è in grado di recuperare le informazioni ma ha difficoltà nel codificarle. La ricaduta scolastica riguarda soprattutto il numero di elementi (numeri, lettere, parole) da ricordare secondo un criterio stabilito, ma se questi elementi vengono raggruppati in categorie o all'interno di un racconto la prestazione rientra nella media. A livello scolastico Federico potrebbe faticare nel ripetere le informazioni studiate, nel ricordare i dati del problema se non sono scritti e nell'eseguire le operazioni a

mente e operazioni scritte senza prestiti o riporti. Potrebbe presentare difficoltà nel richiamare in memoria date, nomi e nozioni, ma questo processo potrebbe essere facilitato dall'inserire questi elementi all'interno di una cornice narrativa oppure associandoli a categorie concettuali.
Alla valutazione delle funzioni esecutive si rilevano difficoltà nella memoria di lavoro e nel controllo esecutivo che vengono acutizzate dalla componente linguistica, nello specifico dalla lenta capacità di recupero di etichette verbali. Si rilevano anche difficoltà nella velocità e precisione esecutiva di tipo grafo-motoria e nello shifting. Le difficoltà nello shifiting e nella velocità esecutiva si traducono in ambito scolastico nel non riuscire a gestire attività con doppio compito come: leggere e copiare alla lavagna, scrivere sotto dettatura alla velocità della classe, gestire l'ortografia e pianificare un testo scritto, leggere e comprendere un testo.
La lentezza e la bassa precisione visuo-motoria, a livello scolastico, potrebbero inficiare tutte le prestazioni "carta e matita" o che prevedono l'utilizzo di materiale scolastico (compasso, squadre, ecc.).

In base alle indicazioni del Profilo di Funzionamento (o della Diagnosi Funzionale e del Profilo Dinamico Funzionale se non è stato ancora redatto) sono individuate le dimensioni rispetto alle quali è necessario definire nel PEI specifici interventi. Le sezioni del PEI non coinvolte vengono omesse.

Dimensione	Sezione	Va definita	Va omessa
Dimensione Socializzazione/Interazione/Relazione	Sezione 4A/5A	☑ Va definita	☐ Va omessa
Dimensione Comunicazione/Linguaggio	Sezione 4B/5B	☐ Va definita	☑ Va omessa
Dimensione Autonomia/ Orientamento	Sezione 4C/5C	☐ Va definita	☑ Va omessa
Dimensione Cognitiva, Neuropsicologica e dell'Apprendimento	Sezione 4D/5D	☑ Va definita	☐ Va omessa

3. Raccordo con il Progetto Individuale di cui all'art. 14 della Legge 328/2000

a. Sintesi dei contenuti del Progetto Individuale e sue modalità di coordinamento e interazione con il presente PEI, tenendo conto delle considerazioni della famiglia.

b. Indicazioni da considerare nella relazione del progetto individuale di cui all'articolo 14 Legge n. 328/00 (se il progetto individuale è stato richiesto e deve essere ancora redatto)

4. Osservazioni sull'alunno/a per progettare gli interventi di sostegno didattico

Punti di forza sui quali costruire gli interventi educativi e didattici

a. Dimensione della relazione, dell'interazione e della socializzazione:

Federico nel gruppo classe tende ad osservare da una posizione esterna, per partecipare ed interagire necessita della mediazione dell'insegnante. In situazioni sociali complesse, come negoziare o mediare, può reagire con preoccupazione e ritiro dallo scambio comunicativo. In questo caso, però, se incoraggiato e rassicurato dall'adulto di riferimento esterna le proprie necessità ed opinioni. L'alunno regola in maniera funzionale emozioni come la rabbia mentre può essere sopraffatto da emozioni come tristezza, ansia e paura e quindi in alcune situazioni può irrigidirsi a livello corporeo e manifestare un pianto improvviso oppure esternare ruminazioni e frasi ripetitive. Queste manifestazioni possono rientrare (dopo circa 15-20 minuti) se l'insegnante, con un atteggiamento accogliente e non giudicante, rielabora insieme a lui l'accaduto.

b. Dimensione della comunicazione e del linguaggio:

Va omessa

c. Dimensione dell'autonomia e dell'orientamento:

Va omessa

d. Dimensione cognitiva, neuropsicologica e dell'apprendimento:

In situazioni di calma Federico mostra tempi di attenzione che arrivano anche a 20-30 minuti mentre se è preoccupato rispetto al compito non si concentra e tende a ricominciare da capo l'operazione o quello che sta facendo. In questi casi alla fine del compito è sfinito e ha poca energia per affrontare altre prestazioni.
Durante la giornata scolastica l'alunno necessita in maniera costante della vicinanza dell'insegnante non per capire come svolgere i compiti ma per ricevere rassicurazioni e incoraggiamenti.
Federico ha uno stile cognitivo di tipo visivo; apprende meglio quando le nuove informazioni gli vengono presentate visivamente perché riesce a ragionare più adeguatamente su stimoli visivi. È importante, quindi, utilizzare materiale visivo nelle spiegazioni di concetti verbali o nella memorizzazione di nuove informazioni e consentirgli di fare disegni mentre apprende nuove nozioni.
La lettura non è fluida, è caratterizzata da molte ripetizioni delle prime sillabe e dal saltare le righe o le parole. Federico nel leggere tende ad accedere al magazzino lessicale, invece che compiere la transcodifica ***lettera-suono****, questa modalità lo rallenta e lo porta a commettere diversi errori. Questi errori sono prevalentemente di tipo fonologico. I processi di comprensione del testo richiedono strategie di anteprima del testo e di scrematura.*

Rispetto alla scrittura, a livello ortografico gli errori sono: di tipo fonologico come grafema inesatto (gl, sch, gh, gn, gi), omissioni di lettere; di tipo non fonologico come fusione illegale, aggiunta di H, scambio di grafema omofono (q/c); e altri errori come omissione di doppie e accento. Nelle prove di produzione spontanea, dal punto di vista qualitativo, l'elaborato scritto necessita di schemi organizzativi sui punti da trattare per raggiungere una buona struttura e di attività di pre-writing (cosa sappiamo su...) per ampliare la lunghezza. La punteggiatura è mal padroneggiata. A livello morfosintattico spesso manca la concordanza dei tempi.
Da un punto di vista grafo-motorio la scrittura è poco fluida, il tratto risulta irregolare e a volte illeggibile. Il copiato e la trascrizione dalla lavagna sono compiti difficili per Federico, poiché richiedono di gestire più azioni contemporaneamente.

Nelle abilità di calcolo Federico necessita di un potenziamento nel calcolo approssimativo e nel calcolo a mente.

Revisione a seguito di Verifica Intermedia **Data: 15 febbraio**

Specificare i punti oggetto di eventuale revisione	*L'alunno riesce ad esprimere in maniera più adeguata le sue emozioni riferite all'ansia, la paura e la tristezza. La possibilità di rielaborare con l'insegnante le situazioni che gli creano disagio ha ridotto in frequenza le crisi e le ruminazioni.*

5. Interventi per l'alunno/a: obiettivi educativi e didattici, strumenti, strategie e modalità

A. Dimensione: RELAZIONE / INTERAZIONE / SOCIALIZZAZIONE → *si faccia riferimento alla sfera affettivo relazionale, considerando l'area del sé, il rapporto con gli altri, la motivazione verso la relazione consapevole, anche con il gruppo dei pari, le interazioni con gli adulti di riferimento nel contesto scolastico, la motivazione all'apprendimento*

OBIETTIVI, specificando anche gli esiti attesi	*Obiettivo: Riconoscere e nominare le emozioni* *Esito atteso: riuscire a riconoscere, esprimere e regolare l'emozione della paura, tristezza e ansia, in situazioni di difficoltà almeno una volta a settimana.*
INTERVENTI EDUCATIVI, DIDATTICI E METODOLOGICI, STRATEGIE E STRUMENTI finalizzati al raggiungimento degli obiettivi	*Attività:* • *Appello alle emozioni* • *Semaforo delle emozioni* • *Laboratorio teatrale focalizzato sul mimo delle emozioni* *Strategie e strumenti:* • *Ogni alunno all'inizio della mattinata esprime il proprio stato d'animo.* • *Individuare il proprio stato d'animo in due momenti della giornata scolastica da indicare sul semaforo delle emozioni.* • *Flash cards delle emozioni con relative situazioni tipo.*
OBIETTIVI, specificando anche gli esiti attesi	*Regolare i comportamenti nelle interazioni* *Come esito atteso permanere in gruppi di lavoro, controllando le proprie emozioni, per almeno 20 minuti. Mantenere la disponibilità e l'attenzione all'ascolto di spiegazioni e commenti, da parte di insegnanti e di compagni.*
INTERVENTI EDUCATIVI, DIDATTICI E METODOLOGICI, STRATEGIE E STRUMENTI finalizzati al raggiungimento degli obiettivi	*Attività:* *Preparazione di mostre di fine anno con cartelloni illustrativi su tema da decidere* *Strategie e strumenti:* • *Cooperative learning* • *Assunzione di incarichi di fiducia* • *Conversazione guidate in classe*

B. Dimensione: COMUNICAZIONE / LINGUAGGIO → *si faccia riferimento alla competenza linguistica, intesa come comprensione del linguaggio orale, produzione verbale e relativo uso comunicativo del linguaggio verbale o di linguaggi alternativi o integrativi; si consideri anche la dimensione comunicazionale, intesa come modalità di interazione, presenza e tipologia di contenuti prevalenti, utilizzo di mezzi privilegiati*

OBIETTIVI, specificando anche gli esiti attesi	*Questa dimensione va omessa*
INTERVENTI EDUCATIVI, DIDATTICI E METODOLOGICI, STRATEGIE E STRUMENTI finalizzati al raggiungimento degli obiettivi	

C. Dimensione: AUTONOMIA/ORIENTAMENTO → *si faccia riferimento all'autonomia della persona e all'autonomia sociale, alle dimensioni motorio-prassica (motricità globale, motricità fine, prassie semplici e complesse) e sensoriale (funzionalità visiva, uditiva, tattile)*

OBIETTIVI, specificando anche gli esiti attesi	*Questa dimensione va omessa*
INTERVENTI DIDATTICI E METODOLOGICI, STRATEGIE E STRUMENTI finalizzati al raggiungimento degli obiettivi	

D. Dimensione COGNITIVA, NEUROPSICOLOGICA E DELL'APPRENDIMENTO → *capacità mnesiche, intellettive e organizzazione spazio-temporale; livello di sviluppo raggiunto in ordine alle strategie utilizzate per la risoluzione di compiti propri per la fascia d'età, agli stili cognitivi, alla capacità di integrare competenze diverse per la risoluzione di compiti, alle competenze di lettura, scrittura, calcolo, decodifica di testi o messaggi*

OBIETTIVI, specificando anche gli esiti attesi	*Strutturare correttamente un testo scritto usando le principali espansioni* *Come esito atteso scrivere un testo corretto almeno una volta a settimana*
INTERVENTI DIDATTICI E METODOLOGICI, STRATEGIE E STRUMENTI finalizzati al raggiungimento degli obiettivi	*Attività:* • *Riordinare frasi in disordine;* • *Produzione orale e scritta di frasi sempre più complesse con l'uso di espansioni: diretta, di tempo, di luogo, di causa;* • *Esporre e riformulare frasi in modo chiaro e ordinato usando i connettivi temporali e logici;* • *Laboratorio di scrittura creativa: produzione di brevi testi narrativi e descrittivi di esperienze personali;* • *Esercizi di manipolazione del testo: "inventa un finale, cambia il tempo, l'ambientazione della narrazione" (prima oralmente e poi trascrivendo, in modo guidato, quanto narrato)*

	al termine di ogni elaborato scritto sollecitare la revisione autonoma del testo con l'obiettivo di promuovere in Federico l'autocorrezione e quindi il senso di autoefficacia. In primo luogo, partire dall'analisi dell'errore, individuando insieme a lui quali tipi di errori commette con più frequenza. Poi stabilire gli obiettivi, cioè tra gli errori più frequenti individuare quelli più importanti ai fini della comprensibilità. Gli errori stabiliti verranno segnalati con un pallino a inizio riga. Sollecitare la 'caccia' all'errore autonoma da parte dell'alunno. Infine, ma non ultimo, premiare ogni miglioramento e impegno, ricordando che l'obiettivo non è non fare errori ma produrre un testo più comprensibile. <u>*Strategie e strumenti:*</u> • *Federico potrebbe trarre notevoli vantaggi nell'utilizzo di programmi di video-scrittura che contengano strumenti di predizione e correzione ortografica perché ciò gli consentirebbe di affrancarsi dalle difficoltà di ordine grafo-motorio e ortografico;* • *Graduare la difficoltà delle proposte (es. da frasi brevi ampliarle tramite domande/stimolo);* • *Schemi per produrre frasi (Chi? Dove? Cosa fa? Come?);* • *Tabelle compensative degli errori più frequenti;* • *Tabelle con le regole grammaticali che federico ha più difficoltà a rispettare;* • *Tabelle delle parole difficili da scrivere;* • *Tabelle dei sinonimi divisi per categorie;* • *Liste delle parole per descrivere e delle parole per narrare;* • *Sintesi vocale per far riascoltare fonema per fonema o a fine frase quanto scritto da lui, in modo da facilitare l'autocorrezione.*

OBIETTIVI, specificando anche gli esiti attesi	*Obiettivo: allungare i tempi di attenzione (fino a 20 minuti) di fronte a compiti che l'alunno percepisce come difficili e impegnativi* *Esito atteso: diminuire il livello di faticabilità fino ad effettuare tutti i compiti previsti*
INTERVENTI DIDATTICI E METODOLOGICI, STRATEGIE E STRUMENTI finalizzati al raggiungimento degli obiettivi	<u>*Attività:*</u> • *Effettuare esercizi a complessità crescente;* • *Effettuare esercizi suddivisi in modo che Federico debba risolvere una consegna per volta;* *quando l'alunno inizia a presentare un atteggiamento di forte preoccupazione rispetto ad un compito proporre un'attività di movimento non attinente con l'esercizio che abbia l'obiettivo di interrompere il circolo dell'ansia.* <u>*Strategie e strumenti:*</u> • *Utilizzare la strategia dell'alternanza esercizio-pausa;*

	• *Utilizzare uno schema - sequenza dei compiti da svolgere evidenziando la ricompensa finale;* • *Diminuire il numero di item da completare e di domande alle quali rispondere, ridurre la lunghezza dei compiti di lettura e di scrittura;* • *Considerare un tempo d'attesa quando si richiedono informazioni;* • *Prestare attenzione all'orario della giornata nell'assegnare compiti che richiedono una rapida elaborazione mentale (es. l'ultima parte della giornata o la mattina presto, quando le proprie risorse cognitive possono risultare esauste o limitate, non sono l'ideale).*
OBIETTIVI, specificando anche gli esiti attesi	*Obiettivo: Supportare e compensare la memoria di lavoro* *Esito atteso: ripetere le informazioni studiate, date, nomi e nozioni durante le verifiche orali e scritte.*
INTERVENTI DIDATTICI E METODOLOGICI, STRATEGIE E STRUMENTI finalizzati al raggiungimento degli obiettivi	*Attività:* • *Incitare l'alunno ad annotare immediatamente informazioni chiave, nuovi vocaboli e concetti presentati durante una lezione o riportati sul materiale di lettura;* • *Incoraggiare l'alunno a creare un dizionario di immagini che possa servire da rubrica delle parole chiave e dei concetti;* • *Svolgere schede strutturate sul formato cloze (inserimento di parole mancanti) per permettergli di registrare i concetti chiave;* • *Elaborare e utilizzare mappe concettuali per lo studio individuale;* • *Elaborare e utilizzare mappe mentali adatte ad organizzare il discorso orale e quindi idonee a prepararsi alle interrogazioni.* *Strategie e strumenti:* • *Introdurre nuovi concetti secondo un approccio top-down, presentando prima il concetto per intero e poi le parti componenti (NO bottom-up in cui le parti componenti di un concetto generale vengono presentate separatamente e in modo sequenziale);* • *Fornire istruzioni brevi;* • *Integrare le istruzioni orali con quelle scritte;* • *Integrare le presentazioni e le lezioni con supporti visivi (presentare slide, schemi, utilizzare la LIM);* • *Ripetere e riesaminare frequentemente;* • *Ridurre il numero di indicazioni date in una sola volta;* • *Ricorrere ad accorgimenti visivi, quali l'evidenziare, il sottolineare e la codifica a colori per focalizzare l'attenzione sulle informazioni visive importanti (es. I simboli dell'operazione, le istruzioni del compito, le parole chiave);* • *Fornire un elenco di domande guidate relative ai passaggi procedurali ricorrenti (es. Diagramma di flusso).*

Revisione a seguito di Verifica intermedia **Data: 15 febbraio**

Specificare i punti oggetto di eventuale revisione relativi alle Dimensioni interessate.	*Nessun punto è stato oggetto di revisione in quanto si rileva un graduale e generalizzato miglioramento del comportamento*

Verifica conclusiva degli esiti **Data: 30 maggio**

Con verifica dei risultati conseguiti e valutazione sull'efficacia di interventi, strategie e strumenti	*Le strategie e attività messe in atto sono risultate efficaci in quanto l'alunno ha raggiunto gli obiettivi rispetto all'attenzione sostenuta, alla memoria durante le verifiche e alla produzione del testo scritto.*

6. Osservazioni sul contesto: barriere e facilitatori

Osservazioni nel contesto scolastico con indicazione delle barriere e dei facilitatori a seguito dell'osservazione sistematica dell'alunno o dell'alunna e della classe

Sono presenti alcuni facilitatori nell'ambiente fisico: Spazi accessibili, disponibilità di supporti tecnologici compensativi

È presente una barriera nel contesto sociale rappresentata dal gruppo classe che non coinvolge spontaneamente Federico nelle diverse attività ricreative

Revisione a seguito di Verifica intermedia **Data: 15 febbraio**

Specificare i punti oggetto di eventuale revisione	*Si rileva un persistente atteggiamento di chiusura del gruppo classe nei confronti dell'alunno*

7. Interventi sul contesto per realizzare un ambiente di apprendimento inclusivo

→ *Tenendo conto di quanto definito nelle Sezioni 5 e 6, descrivere gli interventi previsti sul contesto e sull'ambiente di apprendimento.*

Le strategie che verranno messe in atto per costruire un ambiente di apprendimento inclusivo sono:

- *Utilizzare proposte didattiche diversificate e flessibili che sollecitino i diversi stili cognitivi degli alunni (uditivo, visivo, cinestetico). Federico ha uno stile cognitivo di tipo visivo, per questa ragione si utilizzerà il più possibile la LIM durante le spiegazioni verbali di nuovi argomenti o lo svolgimento di materie come l'inglese o di materie contenutistiche (storia, geografia, scienze, ecc.);*
- *Spiegare i nuovi concetti in maniera esperienziale. Federico possiede come risorsa chiave il ragionamento visuo-percettivo quindi impara più facilmente attraverso l'azione (learning by doing).*

Revisione a seguito di Verifica intermedia **Data: 15 febbraio**

Specificare i punti oggetto di eventuale revisione	*Per creare una maggiore apertura nel gruppo classe e intensificare un clima cooperativo si sono programmati 3 incontri di sensibilizzazione sui DSA e sui disturbi d'ansia per spiegare le caratteristiche e le necessità del proprio compagno*

Verifica conclusiva degli esiti **Data: 30 maggio**

con verifica dei risultati conseguiti e valutazione sull'efficacia di interventi, strategie e strumenti	*Gli incontri di sensibilizzazione sono stati efficaci in quanto il clima della classe è maggiormente inclusivo e cooperativo. Alcuni compagni di classe si offrono volontariamente per fare tutoraggio a Federico*

8. Interventi sul percorso curricolare

8.1 Interventi educativo-didattici, strategie, strumenti nelle diverse discipline/aree disciplinari (Anche nel caso in cui le discipline siano aggregate in aree disciplinari, la valutazione degli apprendimenti è sempre espressa per ciascuna disciplina)

Modalità di sostegno didattico e ulteriori interventi di inclusione	*Per facilitare nell'alunno le acquisizioni accademiche, si valuterà l'impegno al compito oltre che il risultato finale e si privilegerà il contenuto rispetto alla forma.* *Si valorizzeranno i successi sugli insuccessi al fine di elevare l'autostima e le motivazioni di studio.* *La traccia delle verifiche sarà scritta in modo chiaro, usando un carattere leggibile (Verdana), interlinea doppia, non scritta a mano. Si leggeranno ad alta voce le consegne degli esercizi.* *Si utilizzeranno libri digitali che potranno essere letti attraverso la sintesi vocale* *Verrà diminuito il numero di item da completare e di domande alle quali rispondere, sarà ridotta la lunghezza dei compiti di lettura e di scrittura.*

8.2 Progettazione disciplinare

Disciplina:	
Disciplina: *LINGUISTICO-ARTISTICO-ESPRESSIVA*	Rispetto alla progettazione didattica della classe sono applicate le seguenti personalizzazioni in relazione agli obiettivi di apprendimento (conoscenze, abilità, traguardi di competenze), alle strategie e metodologie, alla modalità di verifica e ai criteri di valutazione *In italiano l'analisi grammaticale e logica verrà eseguita su griglie; quindi, l'alunno sarà dispensato dallo scrivere tutte le diciture ma dovrà apporre una X nella casella giusta.* *Nel caso vengano proposti dettati, Federico non dovrà raggiungere la velocità dei compagni, perché questo la porterebbe a deteriorare la sua correttezza ortografica e grafo-motoria. Si fornirà la fotocopia del testo in modo da consentirne la revisione.* *Nell'assegnazione delle letture si utilizzeranno anche gli audiolibri.* *In inglese saranno preferite interrogazioni orali piuttosto che scritte, si utilizzerà sintesi vocale madrelingua, traduttore, dizionario digitale e per immagini, associazioni di immagini al testo.* *In grammatica italiana e inglese si proporranno esercizi di applicazione dei concetti piuttosto che esercizi che richiedano definizioni.*
Disciplina: *STORICO-GEOGRAFICA*	Rispetto alla progettazione didattica della classe sono applicate le seguenti personalizzazioni in relazione agli obiettivi di apprendimento (conoscenze, abilità, traguardi di competenze), alle strategie e metodologie, alla modalità di verifica e ai criteri di valutazione *Si eviteranno prove scritte con troppe domande aperte, le verifiche scritte saranno composte da domande con risposte vero/falso, a scelta multipla, tipo cloze o match (collegamento parole ed immagini).* *Si eviteranno prove che richiedono il recupero integrale delle informazioni (componimenti, inserire le parole mancanti senza avere a disposizione un elenco, scrivere definizioni).* *Nel caso di prove scritte a domande aperte queste non saranno generiche e richiederanno risposte brevi.*
Disciplina: *MATEMATICO SCIENTIFICO TECNOLOGICA*	Rispetto alla progettazione didattica della classe sono applicate le seguenti personalizzazioni in relazione agli obiettivi di apprendimento (conoscenze, abilità, traguardi di competenze), alle strategie e metodologie, alla modalità di verifica e ai criteri di valutazione *In matematica si proporranno esercizi di esecuzione corretta delle procedure piuttosto che esercizi che richiedano formule.* *Si faranno simulazioni con esercizi simili a quelli della verifica.* *Si utilizzeranno procedure ste-by-step, video tutorial e software specifici.*

8.4 Criteri di valutazione del comportamento ed eventuali obiettivi specifici

Comportamento:	☑ A - Il comportamento è valutato in base agli stessi criteri adottati per la classe ☐ B - Il comportamento è valutato in base ai seguenti criteri personalizzati e al raggiungimento dei seguenti obiettivi:

Revisione a seguito di Verifica intermedia **Data: 15 febbraio**

Specificare i punti oggetto di eventuale revisione	*Nessun punto è stato oggetto di revisione in quanto si rileva un graduale e generalizzato miglioramento del comportamento*

Verifica conclusiva degli esiti **Data: 30 maggio**

con verifica dei risultati didattici conseguiti e valutazione sull'efficacia di interventi, strategie e strumenti riferiti anche all'ambiente di apprendimento. *NB: la valutazione finale degli apprendimenti è di competenza di tutto il Consiglio di classe*	*Le strategie utilizzate hanno permesso all'alunno di affrontare con maggiore serenità i compiti in classe e le verifiche periodiche, favorendo nell'alunno un atteggiamento maggiormente autonomo e responsabile*

9. Organizzazione generale del progetto di inclusione e utilizzo delle risorse

Tabella orario settimanale

(da adattare - a cura della scuola - in base all'effettivo orario della classe)

Per ogni ora specificare:

- se l'alunno /a è presente a scuola salvo assenze occasionali Pres. × (se è sempre presente non serve specificare)
- se è presente l'insegnante di sostegno Sost. ×
- se è presente l'assistente all'autonomia o alla comunicazione Ass. ×

Orario	Lunedì	Martedì	Mercoledì	Giovedì	Venerdì	Sabato
8.00 - 9.00	Pres. × Sost. × Ass. ×					

9.00 - 10.00	Pres. × Sost. × Ass. ×					
10.00 - 11.00	Pres. × Sost. × Ass. ×					
11.00 - 12.00	Pres. × Sost. × Ass. ×					
12.00 - 13.00	Pres. × Sost. × Ass. ×					
...	...					

L'alunno/a frequenta con orario ridotto?	☐ Sì: è presente a scuola per ____ore settimanali rispetto alle ____ore della classe, nel periodo________(indicare il periodo dell'anno scolastico), su richiesta della famiglia e degli specialisti sanitari, in accordo con la scuola, per le seguenti motivazioni:.. ☑ No, frequenta regolarmente tutte le ore previste per la classe
L'alunno/a è sempre nel gruppo classe?	☑ Sì ☐ No, in base all'orario svolge nel periodo_________(indicare il periodo dell'anno scolastico),_________ore in altri spazi per le seguenti attività________con un gruppo di compagni ovvero individualmente per le seguenti oggettive, comprovate e particolari circostanze educative e didattiche________________
Insegnante per le attività di sostegno	Numero di ore settimanali 22_______
Risorse destinate agli interventi di assistenza igienica e di base	Descrizione del servizio svolto dai collaboratori scolastici _______
Risorse professionali destinate all'assistenza, all'autonomia e/o alla comunicazione	Tipologia di assistenza/figura professionale Numero di ore settimanali condivise con l'Ente competente ____________________________

Altre risorse professionali presenti nella scuola/classe	[ ] docenti del team o della scuola in possesso del titolo di specializzazione per le attività di sostegno [ ] docenti dell'organico dell'autonomia coinvolti/e in progetti di inclusione o in specifiche attività rivolte all'alunno/a e/o alla classe [ ] altro ______________
Uscite didattiche, visite guidate e viaggi di istruzione	Interventi previsti per consentire all'alunno/a di partecipare alle uscite didattiche, alle visite guidate e ai viaggi di istruzione organizzati per la classe_______________
Strategie per la prevenzione e l'eventuale gestione di situazioni e comportamenti problematici	____
Attività o progetti sull'inclusione rivolti alla classe	____
Trasporto Scolastico	Indicare le modalità di svolgimento del servizio_______________________________

Interventi e attività extrascolastiche attive

Attività terapeutico-riabilitative	n° ore	struttura	Obiettivi perseguiti ed eventuali raccordi con il PEI	NOTE (altre informazioni utili)
Attività extrascolastiche di tipo formale, informale e non formale (es: attività ludico/ricreative, motorie, artistiche, etc.)		supporto	Obiettivi perseguiti ed eventuali raccordi con il PEI	NOTE (altre informazioni utili)

Revisione a seguito di Verifica intermedia

Specificare i punti oggetto di eventuale revisione relativi alle risorse professionali dedicate	

10. CERTIFICAZIONE DELLE COMPETENZE con eventuali note esplicative (D.M. 742/2017) *[solo per alunni/e in uscita dalle classi terze]*

Competenze chiave europee	**Competenze dal Profilo dello studente al termine del primo ciclo di istruzione**

NOTE ESPLICATIVE

Per la valutazione delle competenze si farà riferimento alle seguenti tipologie di prove:

- *Situazioni-problema, compiti di realtà;*
- *Prove autentiche;*
- *Osservazioni sistematiche per rilevare il processo, ovvero le operazioni compiute dall'alunno per interpretare correttamente il compito, per coordinare conoscenze e abilità già possedute e per valorizzare risorse esterne (tecnologie) e interne (impegno, determinazione, collaborazione);*
- *Narrazione da parte dell'alunno del percorso cognitivo effettuato, evidenziando gli aspetti più interessanti, le difficoltà incontrate, il modo in cui le ha superate, la successione delle operazioni compiute indicando gli errori più frequenti e i possibili miglioramenti.*

11. Verifica finale/Proposte per le risorse professionali e i servizi di supporto necessari

Verifica finale del PEI Valutazione globale dei risultati raggiunti (con riferimento agli elementi di verifica delle varie Sezioni del PEI)	*Si rileva un aumento dei tempi di attenzione, una maggiore regolazione emotiva rispetto alle paure e preoccupazioni, le strategie relative agli interventi educativi-didattici sono stati efficaci visto che l'alunno affronta i compiti e le verifiche con maggiore serenità e autonomia.*

Aggiornamento delle condizioni di contesto e progettazione per l'a.s. successivo [Sez. 5-6-7]

Suggerimenti, proposte, strategie che hanno particolarmente funzionato e che potrebbero essere riproposti; criticità emerse su cui intervenire, etc...	*Si ripropongono tutte le strategie educative e didattiche proposte e i vari strumenti compensativi personalizzati in quanto efficaci e ancora necessari. Si consiglia di aumentare l'utilizzo di strumenti tecnologici perché molto motivanti per l'alunno.*

Interventi necessari per garantire il diritto allo studio e la frequenza → Assistenza

Assistenza di base (per azioni di mera assistenza materiale, non riconducibili ad interventi educativi) *igienica* □ *spostamenti* □ *mensa* □ *altro* □ *(specificare.........)* Dati relativi all'assistenza di base (collaboratori scolastici, organizzazione oraria ritenuta necessaria)	Assistenza specialistica all'autonomia e/o alla comunicazione (per azioni riconducibili ad interventi educativi): Comunicazione: assistenza a bambini/e con disabilità visiva □ assistenza a bambini/e con disabilità uditiva □ assistenza a bambini/e con disabilità intellettive e disturbi del neurosviluppo □ Educazione e sviluppo dell'autonomia, nella: cura di sé □ mensa □ altro □ (specificare) Dati relativi agli interventi educativi all'autonomia e alla comunicazione (educatori, organizzazione oraria ritenuta necessaria)

Esigenze di tipo sanitario: comprendono le eventuali somministrazioni di farmaci o altri interventi a supporto
di funzioni vitali da assicurare, secondo i bisogni, durante l'orario scolastico.
Somministrazioni di farmaci:

[] non comportano il possesso di cognizioni specialistiche di tipo sanitario, né l'esercizio di discrezionalità tecnica da parte dell'adulto somministratore, ma solo adeguata formazione delle figure professionali coinvolte. Pertanto, possono essere coinvolte figure interne all'istituzione scolastica.
[ ] comportano cognizioni specialistiche e discrezionalità tecnica da parte dell'adulto somministratore, tali da
richiedere il coinvolgimento di figure professionali esterne.

Altre esigenze ed interventi non riferibili esclusivamente alla specifica disabilità sono definiti nelle modalità ritenute più idonee, conservando la relativa documentazione nel fascicolo personale del bambino o della bambina.

Arredi speciali, Ausili didattici, informatici, ecc.)	Specificare la tipologia e le modalità di utilizzo
Proposta del numero di ore di sostegno per l'anno successivo*	Partendo dall'organizzazione delle attività di sostegno didattico e dalle osservazioni sistematiche svolte, tenuto conto □ del Verbale di accertamento □ del Profilo di Funzionamento e del suo eventuale □ aggiornamento, secondo quanto disposto all'art. 18 del Decreto Interministeriale n.182/2020, oltre che dei risultati raggiunti, nonché di eventuali difficoltà emerse durante l'anno, si propone - nell'ambito di quanto previsto dal D.Lgs 66/2017 e dal citato DI 182/2020 - il seguente fabbisogno di ore di sostegno. Ore di sostegno richieste per l'a. s. successivo *22 ore* con la seguente motivazione: ......*consolidare le performance raggiunte dall'alunno*

Proposta delle risorse da destinare agli interventi di assistenza igienica e di base e delle risorse professionali da destinare all'assistenza, all'autonomia e/o alla comunicazione, per l'anno successivo* * (Art. 7, lettera d) D.Lgs 66/2017)	Partendo dalle osservazioni descritte nelle Sezioni 4 e 6 e dagli interventi descritti nelle Sezioni n. 5 e 7, tenuto conto ☐ del Verbale di accertamento ☐ del Profilo di Funzionamento e del suo eventuale ☐ aggiornamento, e dei risultati raggiunti, nonché di eventuali difficoltà emerse durante l'anno: - si indica il fabbisogno di risorse da destinare agli interventi di assistenza igienica e di base, nel modo seguente: - si indica, come segue, il fabbisogno di risorse professionali da destinare all'assistenza, all'autonomia e/o alla comunicazione - nell'ambito di quanto previsto dal Decreto Interministeriale 182/2020 e dall'Accordo di cui all'art. 3, comma 5*bis* del D.Lgs 66/2017 - per l'a. s. successivo: tipologia di assistenza / figura professionale
Eventuali esigenze correlate al trasporto del bambino o della bambina da e verso la Scuola	

a. L'indicazione delle ore è finalizzata unicamente a permettere al Dirigente Scolastico di formulare la richiesta complessiva d'Istituto delle misure di sostegno ulteriori rispetto a quelle didattiche, da proporre e condividere con l'Ente Territoriale

La verifica finale, con la proposta del numero di ore di sostegno e delle risorse da destinare agli interventi di assistenza igienica e di base, nonché delle tipologie di assistenza/figure professionali da destinare all'assistenza, all'autonomia e/o alla comunicazione, per l'anno scolastico successivo, è stata approvata dal GLO in data ______________________________

Come risulta da verbale n. ___allegato

Nome e Cognome	*specificare a quale titolo ciascun componente interviene al GLO	FIRMA
1.		
2.		
3.		
4.		
8.		
9.		

PRESENTAZIONE PEI DI MARCO ROSSI

SCUOLA SECONDARIA 1° GRADO

A titolo di esempio si propone il Pei compilato dell'alunno Marco Rossi, che frequenta il II° anno della scuola secondaria di primo grado. Marco ha una diagnosi di Disturbo dello Spettro Autistico di livello 2 nell'area della comunicazione sociale e nell'area degli interessi ristretti e ripetitivi, Cod. ICD10 = F84[11], con compromissione moderata delle abilità cognitive e verbali. Marco può presentare comportamenti problematici come colpire gli altri, lanciare oggetti, urlare soprattutto di fronte ad eventi imprevisti o quando non riesce ad esprimere il proprio disagio (es. stanchezza, dolore, ecc.). Per tali ragioni durante il I anno della scuola secondaria di primo grado Marco ha avuto in classe diverse crisi di comportamento che hanno creato una distanza relazionale tra lui e i suoi compagni. Nell'elaborazione dell'attuale programmazione ci si è focalizzati su alcuni punti utili a creare una maggiore inclusione nel gruppo classe:

- Fornire all'alunno quelle abilità strumentali per comunicare i propri bisogni e per chiedere aiuto nei momenti di difficoltà come strategia preventiva delle diverse crisi;
- Creare frequenti e brevi occasioni di attività relazionali strutturate tra i compagni e Marco mediate dagli insegnanti o dall'assistente;
- Fornire ai compagni una serie di conoscenze e spiegazioni sul comportamento di Marco e una serie di istruzioni e modalità relazionali adeguate.

Si può notare che gli obiettivi educativi trasversali e gli obiettivi didattici sono poco numerosi perché si è deciso di inserire solo gli obiettivi a breve e medio termine. Questi verranno integrati successivamente con altri obiettivi in seguito alle verifiche intermedie.

[11] **F84 - Alterazione globale dello sviluppo psicologico**
Nel DSM-5 viene definito "Spettro dell'Autismo"
Definizione: Si tratta di un gruppo di sindromi caratterizzato da compromissioni nelle interazioni sociali e nelle modalità di comunicazione, e da un repertorio limitato, stereotipato, ripetitivo di interessi e di attività. Queste atipicità qualitative sono una caratteristica preminente del funzionamento dell'individuo in tutte le situazioni.
Si può utilizzare un codice aggiuntivo per specificare una condizione somatica o una disabilità intellettiva associata.
In questo gruppo sono compresi:
- F84.0 Autismo Infantile
- F84.1 Autismo atipico
- F84.2 Sindrome di Rett (Importante!! nel DSM-V è stata rimossa perché malattia neurologica)
- F84.3 Sindrome disintegrativa dell'infanzia di altro tipo
- F84.4 Sindrome iperattiva associata a disabilità intellettiva e movimenti stereotipati
- F84.5 Sindrome di Asperger

SCUOLA SECONDARIA DI PRIMO GRADO

[INTESTAZIONE DELLA SCUOLA]

PIANO EDUCATIVO INDIVIDUALIZZATO

(ART. 7, D. LGS. 13 APRILE 2017, N. 66 e s.m.i.)

Anno Scolastico 20__/20__

ALUNNO/A ***MARCO ROSSI***

codice sostitutivo personale ___________

Classe ***II° ANNO*** Plesso o sede____________________

ACCERTAMENTO DELLA CONDIZIONE DI DISABILITÀ IN ETÀ EVOLUTIVA AI FINI DELL'INCLUSIONE SCOLASTICA rilasciato in data ***2010***

Data scadenza o rivedibilità: ☐ ____________ ☐ Non indicata

PROFILO DI FUNZIONAMENTO redatto in data ______________

Nella fase transitoria:

☑ PROFILO DI FUNZIONAMENTO NON DISPONIBILE

DIAGNOSI FUNZIONALE redatta in data ***2015***

PROFILO DINAMICO FUNZIONALE IN VIGORE approvato in data ____________

PROGETTO INDIVIDUALE ☑ redatto in data ***2019*** ☐ non redatto

PEI PROVVISORIO	DATA ______________ VERBALE ALLEGATO N. _____	FIRMA DEL DIRIGENTE SCOLASTICO[1] ……………………....
APPROVAZIONE DEL PEI E PRIMA SOTTOSCRIZIONE	DATA ______________ VERBALE ALLEGATO N. 1	FIRMA DEL DIRIGENTE SCOLASTICO[1] ………………………
VERIFICA INTERMEDIA	DATA ______________ VERBALE ALLEGATO N. _____	FIRMA DEL DIRIGENTE SCOLASTICO[1] ……………………

VERIFICA FINALE E PROPOSTE PER L'A.S. SUCCESSIVO	DATA ____________ VERBALE ALLEGATO N. ____	FIRMA DEL DIRIGENTE SCOLASTICO[1] ……………………

Composizione del GLO - Gruppo di Lavoro Operativo per l'inclusione

Art. 15, commi 10 e 11 della L. 104/1992 (come modif. dal D.Lgs 96/2019)

Nome e Cognome	*specificare a quale titolo ciascun componente interviene al GLO	FIRMA
1		
2		
3		
4		
5		
6		
7		
8		
9		
…		

Eventuali modifiche o integrazioni alla composizione del GLO, successive alla prima convocazione

Data	Nome e Cognome	*specificare a quale titolo ciascun componente interviene al GLO	Variazione (nuovo membro, sostituzione, decadenza…)

1. Quadro informativo

Situazione familiare / descrizione dell'alunno/a
A cura dei genitori o esercenti la responsabilità genitoriale ovvero di altri componenti del GLO

Il sistema familiare è composto da padre, madre, sorella maggiore (17 anni) e sorella minore (10 anni). Il padre è un libero professionista in ambito informatico e la madre è casalinga.

Marzo usa un mezzo di trasporto pubblico scolastico per andare e tornare da scuola

Marco ha una diagnosi di Disturbo dello Spettro Autistico (F.84), effettua una terapia riabilitativa domiciliare di tipo cognitivo-comportamentale 4 ore a settimana (2 incontri da due ore a settimana), usufruisce di 6 ore settimanali di assistenza domiciliare (2 incontri da 3 ore a settimana), effettua con supervisione Atletica come attività sportiva all'aperto 2 volte a settimana.

Marco è un ragazzo vivace e molto determinato, ha buone capacità di orientamento nello spazio e nel tempo. Presenta un basso livello di adattabilità. Può manifestare comportamenti oppositivi e problematici come buttare oggetti a terra e, a volte, passare ad agiti etero-aggressivi quando non riesce ad esprimere le proprie esigenze o quando le cose non vanno come lui si aspetta.

Il ragazzo non è in grado di organizzare autonomamente il proprio tempo libero. Frequenta le attività commerciali e culturali del proprio quartiere solo se accompagnato e supervisionato.

2. Elementi generali desunti dal Profilo di Funzionamento

Sintetica descrizione, considerando in particolare le dimensioni sulle quali va previsto l'intervento e che andranno quindi analizzate nel presente PEI

Marco presenta una compromissione cognitiva di grado moderato. Il livello delle acquisizioni scolastiche è elementare. È presente un pensiero concreto all'approccio ai problemi. Le funzioni esecutive sono compromesse, soprattutto la memoria a breve termine. Buone le capacità di memoria visuo-spaziale. Difficoltà moderate nella memoria uditiva e difficoltà gravi nella memoria sequenziale e nella memoria di lavoro.
Il linguaggio ricettivo è in questo momento moderatamente compromesso; Marco comprende diverse parole ed esegue ordini semplici. Anche il linguaggio espressivo è moderatamente compromesso: utilizza parole singole, a volte frasi composte da 2/3 parole per fare le richieste. L'eloquio non è fluido ma tende ad essere meccanico ed il volume tende ad essere alto. Può assorbirsi in stereotipie vocali.
Le difficoltà di comunicazione compromettono l'espressione e la regolazione delle emozioni. Il ragazzo presenta basse capacità di autoregolazione emotiva, quindi, è difficile per lui gestire momenti di crisi, tollerare le correzioni, i divieti e soprattutto gli imprevisti.
Il ragazzo presenta bassa reciprocità sociale, mostra disagio al contatto fisico, tollera la prossimità dell'altro, può disturbare un contesto sociale con vocalizzazioni ad alto volume. Deve essere sollecitato nel rispettare le convenzioni sociali principali (mostrare buone maniere a tavola, non presentare comportamenti di auto stimolazione, coprirsi la bocca quando tossisce, ecc.).

Marco non integra due percezioni sensoriali diverse, quindi se sta svolgendo un'attività può non ascoltare e non sempre si gira al nome.
Le autonomie di base sono state acquisite, necessitano di potenziamento le autonomie sociali.
Il ragazzo ha importanti difficoltà legate alla selettività sul versante alimentare per la difficoltà a gestire la masticazione ed a tollerare gusti diversi

o, se non disponibile, dalla Diagnosi Funzionale e dal Profilo dinamico funzionale (ove compilato)

In base alle indicazioni del Profilo di Funzionamento (o della Diagnosi Funzionale e del Profilo Dinamico Funzionale se non è stato ancora redatto) sono individuate le dimensioni rispetto alle quali è necessario definire nel PEI specifici interventi. Le sezioni del PEI non coinvolte vengono omesse.

Dimensione Socializzazione/Interazione/Relazione	Sezione 4A/5A	☑ Va definita	☐ Va omessa
Dimensione Comunicazione/Linguaggio	Sezione 4B/5B	☑ Va definita	☐ Va omessa
Dimensione Autonomia/ Orientamento	Sezione 4C/5C	☑ Va definita	☐ Va omessa
Dimensione Cognitiva, Neuropsicologica e dell'Apprendimento	Sezione 4D/5D	☑ Va definita	☐ Va omessa

3. Raccordo con il Progetto Individuale di cui all'art. 14 della Legge 328/2000

a. Sintesi dei contenuti del Progetto Individuale e sue modalità di coordinamento e interazione con il presente PEI, tenendo conto delle considerazioni della famiglia (se il Progetto individuale è stato già redatto).

Per Marco è stato redatto un Progetto Individuale che prevede i seguenti obiettivi:

- *Fare regolare attività fisica strutturata e spontanea*
- *Uso funzionale del denaro (piccole somme con le monete e identificare il potere di acquisto) per spese personali*
- *Potenziare la capacità di autocontrollo di comportamenti disadattivi e di rabbia nelle situazioni di non soddisfazione o frustrazione*
- *Potenziare la capacità di comunicazione del disagio e del bisogno*
- *Uso contestuale di forme di saluto e di cortesia (salutare, grazie, prego, scusa, ecc.)*
- *Implementare e potenziare la partecipazione ad opportunità ed eventi del quartiere, a servizi e strutture (Cinema, uscite, negozi)*

Per supportare gli obiettivi sopraelencati nell'attuale PEI sarà organizzato il progetto "Conosci il tuo quartiere" composto da uscite settimanali nei dintorni dell'istituto (parco, negozi, mercato) in piccolo gruppo (2-3 studenti). Durante queste uscite si effettueranno passeggiate nel parco che aumenteranno gradualmente il livello di faticabilità, piccoli acquisti per potenziare le abilità sociali come salutare, fare le richieste e utilizzare il denaro per pagare.

4. Osservazioni sull'alunno/a per progettare gli interventi di sostegno didattico

Punti di forza sui quali costruire gli interventi educativi e didattici

a. Dimensione della relazione, dell'interazione e della socializzazione:

Marco realizza a volte il contatto oculare, che diventa più persistente quando è motivato dalla relazione. Tollera la vicinanza dei compagni, è a suo agio in attività da svolgersi in parallelo e in piccolo gruppo, nell'interazione con i coetanei e con il gruppo classe necessita della mediazione dell'adulto, che riconosce e accetta facilmente. Nelle attività nuove o complesse necessita di sperimentare, inizialmente, un senso di autoefficacia che lo porta ad accogliere brevi correzioni.

b. Dimensione della comunicazione e del linguaggio:

Il ragazzo comprende istruzioni composte da 3/4 parole e da massimo due azioni in sequenza solo se le parole sono riferite a dati contestuali e il concetto principale visualizzato. Il ragazzo comprende gesti riferiti a istruzioni semplici, non comprende il linguaggio corporeo

Nel linguaggio espressivo utilizza parole singole, può produrre frasi semplici, composte da 2/3 parole, se riferite a richieste personali. Racconta un evento di routine solo se supportato da uno schema visivo e su sollecitazione (non spontaneamente). Può usare gesti come scuotere la testa per dire sì o no, può usare gesti convenzionali come il saluto su sollecitazione.

c. Dimensione dell'autonomia e dell'orientamento:

Marco può svolgere attività strutturate composte da più di tre compiti in sequenza in maniera autonoma e con continuità per almeno 30 minuti, nel corso della giornata ha bisogno di supervisione per organizzare le diverse attività. Segue lo schema delle attività giornaliere già predisposto e può compiere piccole scelte tra due alternative

Nell'arrivo a scuola Marco viene accompagnato al portone e poi sale due piani di scale da solo. Si orienta all'interno dell'istituto per raggiungere l'aula, la palestra e il laboratorio di informatica. Lungo il suo tragitto segue in modo analitico il percorso, può travolgere eventuali ostacoli e può essere disturbato da assembramenti e confusione. Le strategie utilizzate ed efficaci sono:

- *Effettuare gli spostamenti poco prima dei cambi*
- *Inserire un elemento fortemente motivante alla fine del percorso*

d. Dimensione cognitiva, neuropsicologica e dell'apprendimento:

Marco legge sillabe e parole divise in sillabe, la comprensione del testo scritto ha bisogno del supporto di immagini esplicative. Può comprendere e ritenere le informazioni di un testo scritto

se è altamente motivante, vicino ai suoi interessi, se è scomposto in frasi semplici e supportato da immagini. *Marco è in grado di scrivere parole bisillabe e trisillabe piane sotto dettatura, può fare errori con le doppie o i gruppi consonantici difficili (digrammi e trigrammi). Spontaneamente può scrivere parole singole se è motivato, es. cercare video su internet.* *Può effettuare la lettura e la scrittura dei numeri fino a 50, associare la quantità alla cifra fino al 20, compiere la somma e la sottrazione con il supporto di facilitazioni visive fino al 10.*

Revisione a seguito di Verifica intermedia **Data: 30 febbraio**

Specificare i punti oggetto di eventuale revisione	*Si rileva un notevole miglioramento nel comportamento relazionale, interagisce maggiormente con i compagni che sono seduti vicino. Riesce ad affrontare piccoli imprevisti regolando le emozioni e il comportamento.*

5. Interventi per l'alunno: obiettivi educativi e didattici, strumenti, strategie e modalità

A. Dimensione: RELAZIONE / INTERAZIONE / SOCIALIZZAZIONE → *si faccia riferimento alla sfera affettivo relazionale, considerando l'area del sé, il rapporto con gli altri, la motivazione verso la relazione consapevole, anche con il gruppo dei pari, le interazioni con gli adulti di riferimento nel contesto scolastico, la motivazione all'apprendimento*

OBIETTIVI, specificando anche gli esiti attesi	*Obiettivo: chiedere ed accettare l'aiuto dei compagni o dell'insegnante nei momenti di difficoltà.* *Esito atteso: Marco lo farà almeno 5 volte in una settimana.*
INTERVENTI EDUCATIVI, DIDATTICI E METODOLOGICI, STRATEGIE E STRUMENTI finalizzati al raggiungimento degli obiettivi	• *Progetto Tutor* • *Attività didattiche strutturate con difficoltà crescente* • *Strategia dell'apprendimento senza errori*
VERIFICA (metodi, criteri e strumenti utilizzati per verificare se gli obiettivi sono stati raggiunti)	*Griglia di osservazione sistematica sui comportamenti in classe*

B. Dimensione: COMUNICAZIONE / LINGUAGGIO → *si faccia riferimento alla competenza linguistica, intesa come comprensione del linguaggio orale, produzione verbale e relativo uso comunicativo del linguaggio verbale o di linguaggi alternativi o integrativi; si consideri anche la dimensione comunicazionale, intesa come modalità di interazione, presenza e tipologia di contenuti prevalenti, utilizzo di mezzi privilegiati*

OBIETTIVI, specificando anche gli esiti attesi	*Obiettivo: comprendere messaggi verbali ricevuti attivando strategie di risposta adeguate al contesto, nelle azioni e nelle parole.* *Esito atteso: sarà il sostenere, da parte di Marco, almeno uno scambio comunicativo al giorno (es. saluto iniziale) con alcuni compagni indicati di volta in volta*
INTERVENTI EDUCATIVI, DIDATTICI E METODOLOGICI,	• *Video-modeling (apprendimento imitativo)*

STRATEGIE E STRUMENTI finalizzati al raggiungimento degli obiettivi	• *Role playing (simulazione di situazioni reali)*
VERIFICA (metodi, criteri e strumenti utilizzati per verificare se gli obiettivi sono stati raggiunti)	*Check-list su conversazioni guidate* *(da valutare il ritmo, la reciprocità, ecc.)*

C. Dimensione: AUTONOMIA/ORIENTAMENTO → *si faccia riferimento all'autonomia della persona e all'autonomia sociale, alle dimensioni motorio-prassica (motricità globale, motricità fine, prassie semplici e complesse) e sensoriale (funzionalità visiva, uditiva, tattile)*

OBIETTIVI, specificando anche gli esiti attesi	*Obiettivo: gestire i rapporti con i compagni in autonomia* *Esito atteso: sarà il coinvolgimento di Marco nel gruppo classe durante l'intervallo per almeno tre volte a settimana*
INTERVENTI EDUCATIVI, DIDATTICI E METODOLOGICI, STRATEGIE E STRUMENTI finalizzati al raggiungimento degli obiettivi	*Organizzare lavori cooperativi (ricerche, mappe, riassunti, cartelloni) incentrati inizialmente sugli interessi di Marco, questo potrebbe sostenere la motivazione e l'impegno da parte dello studente.* *Si utilizzerà come strategie la mediazione dell'insegnante con graduale disimpegno per favorire spontanei scambi relazionali.*
VERIFICA (metodi, criteri e strumenti utilizzati per verificare se gli obiettivi sono stati raggiunti)	*Griglia di osservazione trimestrale*

D. Dimensione COGNITIVA, NEUROPSICOLOGICA E DELL'APPRENDIMENTO → *capacità mnesiche, intellettive e organizzazione spazio-temporale; livello di sviluppo raggiunto in ordine alle strategie utilizzate per la risoluzione di compiti propri per la fascia d'età, agli stili cognitivi, alla capacità di integrare competenze diverse per la risoluzione di compiti, alle competenze di lettura, scrittura, calcolo, decodifica di testi o messaggi*

OBIETTIVI, specificando anche gli esiti attesi	*Obiettivo: Leggere un testo composto da tre frasi.* *Esito atteso: sarà prefissato nella lettura di un testo diverso al giorno.*
INTERVENTI EDUCATIVI, DIDATTICI E METODOLOGICI, STRATEGIE E STRUMENTI finalizzati al raggiungimento degli obiettivi	*Verranno utilizzati maggiormente testi relativi agli interessi dello studente (es. macchine e navi).* *Come strategia si adatteranno allo stile di apprendimento di Marco riviste di settore.*
VERIFICA (metodi, criteri e strumenti utilizzati per verificare se gli obiettivi sono stati raggiunti)	*Verifiche settimanali composte da domande a scelta multipla con immagini e domande tipo Cloze.*

Revisione a seguito di Verifica intermedia **Data: 30 febbraio**

Specificare i punti eventualmente oggetto di revisione relativi alle Dimensioni interessate	*L'obiettivo del chiedere aiuto nei momenti di difficoltà è stato raggiunto. Si integra con un nuovo obiettivo: interagire spontaneamente con almeno 3 compagni di classe. Per raggiungere questo obiettivo si aumenterà la permanenza in classe e soprattutto durante il cambio dell'ora, l'insegnante effettuerà una mediazione relazionale proponendo attività ludiche strutturate. Si proporranno rinforzi sociali. La verifica verrà effettuata con osservazione sistematica.*

Verifica conclusiva degli esiti **Data: 25 maggio**

Con verifica dei risultati conseguiti e valutazione sull'efficacia di interventi, strategie e strumenti	*Gli obiettivi nell'area della comunicazione, dell'autonomia e dell'apprendimento sono stati raggiunti. L'obiettivo di relazionarsi in autonomia è stato parzialmente raggiunto, Marco necessità ancora della mediazione dell'insegnante o dell'adulto di riferimento.*

6. Osservazioni sul contesto: barriere e facilitatori

Osservazioni nel contesto scolastico – fisico, organizzativo, relazionale - con indicazione delle barriere e dei facilitatori a seguito dell'osservazione sistematica dell'alunno o dell'alunna e della classe

Sono presenti alcuni facilitatori nell'ambiente fisico: l'aula è collocata al pian terreno ed ha una uscita indipendente nel cortile, in questo modo quando Marco è stanco per un sovraccarico sensoriale può chiedere di uscire oppure l'insegnante può invitare Marco ad uscire per prevenire crisi di comportamento dovute a stanchezza. Al fianco dell'aula è stata strutturata una piccola stanza che viene utilizzata per effettuare attività didattiche individuali con Marco soprattutto nelle ultime ore oppure quando lo studente deve svolgere compiti difficili che richiedono una maggiore concentrazione e un ambiente privo di stimoli distraenti.

È presente una barriera nel contesto sociale rappresentata dalla bassa conoscenza da parte del gruppo classe delle caratteristiche dello spettro autistico e del significato di alcuni comportamenti bizzarri o inadeguati messi in atto a volte da Marco. La conseguenza di tutto questo è un aumento della distanza relazionale ed emotiva tra i compagni e Marco.

Revisione a seguito di Verifica intermedia **Data: 30 febbraio**

Specificare i punti oggetto di eventuale revisione	*Nessun punto è stato oggetto di revisione*

7. Interventi sul contesto per realizzare un ambiente di apprendimento inclusivo

→ *Tenendo conto di quanto definito nelle Sezioni 5 e 6, descrivere gli interventi previsti sul contesto e sull'ambiente di apprendimento.*

Per incoraggiare un avvicinamento relazionale ed emotivo tra i compagni e Marco sono stati programmati incontri mensili di sensibilizzazione ai compagni di classe. Questi incontri verranno effettuati da esperti appartenenti ad una associazione no profit. I contenuti saranno: • *Concetto di neurodiversità;* • *Definizione, caratteristiche e particolarità sensoriali della condizione dell'autismo;* • *Dialogo sulle modalità relazionali più adeguate e su cosa fare nei momenti di crisi;* • *Accoglienza ed elaborazione dei diversi vissuti emotivi degli studenti;* • *Riflessione sulle criticità e sulle risorse presenti nel gruppo classe;* • *Definizione delle sfide e degli obiettivi utili a favorire un ambiente sociale maggiormente inclusivo.*

Revisione a seguito di Verifica intermedia **Data: 30 febbraio**

Specificare i punti oggetto di eventuale revisione	*Visto la buona accoglienza da parte dei compagni di classe degli incontri di sensibilizzazione sono stati programmati altri 3 incontri*

Verifica conclusiva degli esiti **Data: 25 maggio**

con verifica dei risultati conseguiti e valutazione sull'efficacia di interventi, strategie e strumenti	*La classe ha recepito le informazioni erogate durante gli incontri di sensibilizzazione, questi incontri si sono rivelati molto utili alla riflessione sul proprio comportamento e ad aumentare il senso di responsabilità personale all'interno delle relazioni.*

8. Interventi sul percorso curricolare

8.1 Modalità di sostegno didattico e ulteriori interventi di inclusione

Il percorso scolastico sarà effettuato: • *Dagli insegnanti delle diverse discipline* • *Dall'insegnante specializzato per il sostegno didattico nelle discipline di lingua italiana, inglese, spagnolo, storia, geografia e matematica* • *Dall'assistente specialistica all'autonomia e/o alla comunicazione nelle discipline di religione, scienze, tecnologia, musica, arte e immagine, scienze motorie e sportive.* *Ogni giorno verrà improntato uno schema di lavoro scritto, verranno preparate schede didattiche, riadattati i contenuti dei diversi argomenti nel senso di raggiungere una maggiore semplificazione e una migliore visualizzazione. Questi strumenti e modalità verranno condivisi periodicamente con gli insegnanti delle diverse discipline che potranno utilizzare questo metodo di lavoro in caso di assenza dell'insegnante di sostegno e dell'assistente all'autonomia/comunicazione.*

8.2 Progettazione disciplinare (1)

Interventi educativo-didattici, strategie, strumenti nelle diverse discipline/aree disciplinari (Anche nel caso in cui le discipline siano aggregate in aree disciplinari, la valutazione degli apprendimenti è sempre espressa per ciascuna disciplina)

Disciplina:	
Disciplina: *LINGUA ITALIANA*	☐ A - Segue la progettazione didattica della classe e si applicano gli stessi criteri di valutazione ☑ B - Rispetto alla progettazione didattica della classe sono applicate le seguenti personalizzazioni in relazione agli obiettivi di apprendimento (conoscenze, abilità, traguardi di competenze) e ai criteri di valutazione • *GRAMMATICA: costruzione e analisi della frase minima e complessa* • *ANTOLOGIA: lettura e comprensione di brevi testi descrittivi di macchine e navi* • *LETTERATURA: presentazione della vita di San Francesco D'Assisi e riadattamento del Cantico di Frate Sole attraverso immagini, musica e visione di film*
Disciplina: *MATEMATICA*	☐ A - Segue la progettazione didattica della classe e si applicano gli stessi criteri di valutazione ☑ B - Rispetto alla progettazione didattica della classe sono applicate le seguenti personalizzazioni in relazione agli obiettivi di apprendimento (conoscenze, abilità, traguardi di competenze) e ai criteri di Valutazione • *Consolidamento della somma e della sottrazione attraverso l'utilizzo delle monete e delle banconote*
Disciplina: *INGLESE*	☐ A - Segue la progettazione didattica della classe e si applicano gli stessi criteri di valutazione ☑ B - Rispetto alla progettazione didattica della classe sono applicate le seguenti personalizzazioni in relazione agli obiettivi di apprendimento (conoscenze, abilità, traguardi di competenze) e ai criteri di valutazione • *Ripasso dei numeri, mesi, giorni* • *Apprendimento dei vocaboli relativi ai diversi mezzi di trasporto, cibo, luoghi* • *Utilizzo di frasi semplici convenzionali*
Disciplina: *SPAGNOLO*	☐ A - Segue la progettazione didattica della classe e si applicano gli stessi criteri di valutazione ☑ B - Rispetto alla progettazione didattica della classe sono applicate le seguenti personalizzazioni in relazione agli obiettivi di apprendimento (conoscenze, abilità, traguardi di competenze) e ai criteri di valutazione • *FUNZIONI: salutare all'arrivo e al congedo; presentarsi e presentare; chiedere e dire nome e cognome* • *LESSICO: saluti, giorni della settimana e stagioni, numeri (0-20), colori, famiglia e animali* • *LINGUA E GRAMMATICA: alfabeto; suoni caratteristici dello spagnolo*

Disciplina:	
STORIA	☐ A - Segue la progettazione didattica della classe e si applicano gli stessi criteri di valutazione ☑ B - Rispetto alla progettazione didattica della classe sono applicate le seguenti personalizzazioni in relazione agli obiettivi di apprendimento (conoscenze, abilità, traguardi di competenze) e ai criteri di Valutazione • *Studio dell'Inizio dell'età moderna attraverso video, brevi documentari, immagini* • *Personaggio storico: Leonardo da Vinci (costruzione di un cartellone)*
Disciplina: *GEOGRAFIA*	☐ A - Segue la progettazione didattica della classe e si applicano gli stessi criteri di valutazione ☑ B - Rispetto alla progettazione didattica della classe sono applicate le seguenti personalizzazioni in relazione agli obiettivi di apprendimento (conoscenze, abilità, traguardi di competenze) e ai criteri di valutazione • *Studio del territorio e dell'ambiente della propria regione e città attraverso video, visite guidate, uscite nel quartiere*
Disciplina: *SCIENZE*	☐ A - Segue la progettazione didattica della classe e si applicano gli stessi criteri di valutazione ☑ B - Rispetto alla progettazione didattica della classe sono applicate le seguenti personalizzazioni in relazione agli obiettivi di apprendimento (conoscenze, abilità, traguardi di competenze) e ai criteri di valutazione • *Studio del Sole, pianeti, stelle, terra e luna attraverso la costruzione di modelli tridimensionali*
Disciplina: *ARTE E IMMAGINE*	☐ A - Segue la progettazione didattica della classe e si applicano gli stessi criteri di valutazione ☑ B - Rispetto alla progettazione didattica della classe sono applicate le seguenti personalizzazioni in relazione agli obiettivi di apprendimento (conoscenze, abilità, traguardi di competenze) e ai criteri di Valutazione • *Disegno a mano libera oppure su copia di mezzi di trasporto utilizzando i diversi strumenti grafici (matita, pennarelli, acquerelli, ecc.)*
Disciplina: *TECNOLOGIA*	☐ A - Segue la progettazione didattica della classe e si applicano gli stessi criteri di valutazione ☑ B - Rispetto alla progettazione didattica della classe sono applicate le seguenti personalizzazioni in relazione agli obiettivi di apprendimento (conoscenze, abilità, traguardi di competenze) e ai criteri di valutazione • *Utilizzo di alcuni strumenti da disegno tecnico* • *L'educazione stradale i segnali di pericolo, di prescrizione: precedenza, di divieto, di obbligo* • *La bicicletta: le parti principali*
Disciplina: *MUSICA*	☐ A - Segue la progettazione didattica della classe e si applicano gli stessi criteri di valutazione ☑ B - Rispetto alla progettazione didattica della classe sono applicate le seguenti personalizzazioni in relazione agli obiettivi di apprendimento (conoscenze, abilità, traguardi di competenze) e ai criteri di valutazione • *Pratica strumentale sulla tastiera attraverso una didattica a colori*

Disciplina: SCIENZE MOTORIE E SPORTIVE	☐ A - Segue la progettazione didattica della classe e si applicano gli stessi criteri di valutazione ☑ B - Rispetto alla progettazione didattica della classe sono applicate le seguenti personalizzazioni in relazione agli obiettivi di apprendimento (conoscenze, abilità, traguardi di competenze) e ai criteri di Valutazione • *TEORIA: studio del corpo umano* • *PRATICA: esercitare la corsa, la marcia e i salti*
Disciplina: RELIGIONE	☐ A - Segue la progettazione didattica della classe e si applicano gli stessi criteri di valutazione ☑ B - Rispetto alla progettazione didattica della classe sono applicate le seguenti personalizzazioni in relazione agli obiettivi di apprendimento (conoscenze, abilità, traguardi di competenze) e ai criteri di valutazione • *Studio della Chiesa (caratteristiche e organizzazione) attraverso immagini e visite nella parrocchia di riferimento*

(1) Compilare soltanto per le discipline/aree disciplinari per le quali è prevista una progettazione personalizzata

8.4 Criteri di valutazione del comportamento ed eventuali obiettivi specifici

Comportamento:	☐ A - Il comportamento è valutato in base agli stessi criteri adottati per la classe ☑ B - Il comportamento è valutato in base ai seguenti criteri personalizzati e al raggiungimento dei seguenti obiettivi: • *lavorare in classe per un massimo di 1 ora senza emettere vocalizzazioni* • *non colpire i compagni e non lanciare oggetti* • *manifestare il proprio disagio o disappunto in maniera funzionale con parole o gesti*

Revisione a seguito di Verifica intermedia **Data: 30 febbraio**

Specificare i punti oggetto di eventuale revisione	*Visto il miglioramento dell'adeguatezza del comportamento dell'alunno in classe si è aumentato il tempo di permanenza senza emettere vocalizzazioni*

Verifica conclusiva degli esiti **Data: 25 maggio**

con verifica dei risultati didattici conseguiti e valutazione sull'efficacia di interventi, strategie e strumenti riferiti anche all'ambiente di apprendimento. *NB: la valutazione finale degli apprendimenti è di competenza di tutto il Consiglio di classe*	*Le strategie educative per gestire i comportamenti problematici sono state efficaci. Si sono ridotti in frequenza i comportamenti etero-aggressivi. L'alunno avvisa con alcune parole o frasi semplici il suo disagio che viene capito e accolto dai compagni o insegnanti, i quali si impegnano a ristrutturare la fonte del disagio.*

9. Organizzazione generale del progetto di inclusione e utilizzo delle risorse

Tabella orario settimanale (da adattare - a cura della scuola - in base all'effettivo orario della classe)

Per ogni ora specificare:
- se l'alunno/a è presente a scuola salvo assenze occasionali Pres. ▯ *(se è sempre presente non serve specificare)*
- se è presente l'insegnante di sostegno Sost. ▯
- se è presente l'assistente all'autonomia o alla comunicazione Ass. ▯

	Lunedì	Martedì	Mercoledì	Giovedì	Venerdì	Sabato
8.00 - 9.00	Pres. ▯ Sost. ▯ Ass. ▯					
9.00 - 10.00	Pres. ▯ Sost. ▯ Ass. ▯					
10.00 – 11.00	Pres. ▯ Sost. ▯ Ass. ▯					
11.00 - 12.00	Pres. ▯ Sost. ▯ Ass. ▯					
12.00 - 13.00	Pres. ▯ Sost. ▯ Ass. ▯					
...	...					

L'alunno/a frequenta con orario ridotto?	☐ Sì: è presente a scuola per ___ ore settimanali rispetto alle ___ ore della classe, nel periodo __________ (indicare il periodo dell'anno scolastico) su richiesta della famiglia e degli specialisti sanitari, in accordo con la scuola, per le seguenti motivazioni:... ☑ No, frequenta regolarmente tutte le ore previste per la classe
L'alunno/a è sempre nel gruppo classe con i compagni?	☐ Sì ☑ No, in base all'orario è presente n. 10 ore in laboratorio o in altri spazi per le seguenti attività: *uscite nel territorio, attività individuali nell'aula posta affianco a quella principale.*
Insegnante per le attività di sostegno	Numero di ore settimanali ***18***
Risorse destinate agli interventi di assistenza igienica e di base	Descrizione del servizio svolto dai collaboratori scolastici..........................
Risorse professionali destinate all'assistenza, all'autonomia e/o alla comunicazione	Tipologia di assistenza / figura professionale ***OEPA*** Numero di ore settimanali condivise con l'Ente competente ***12***

Altre risorse professionali presenti nella scuola/classe	[ ] docenti del Consiglio di classe o della scuola in possesso del titolo di specializzazione per le attività di sostegno [ ] docenti dell'organico dell'autonomia coinvolti/e in progetti di inclusione o in specifiche attività rivolte all'alunno/a e/o alla classe [ ] altro _____________
Uscite didattiche, visite guidate e viaggi di istruzione	Interventi previsti per consentire all'alunno/a di partecipare alle uscite didattiche, alle visite guidate e ai viaggi di istruzione organizzati per la classe II • *Costruzione dello schema visualizzato con immagini dei vari itinerari da consultare prima di ogni partenza e durante i vari viaggi o visite* • *Organizzazione scritta di piani alternativi a quelli stabiliti da attuarsi in caso di crisi e malesseri*
Strategie per la prevenzione e l'eventuale gestione di comportamenti problematici	• *Seguire schemi di lavoro composti da sequenze prima/dopo in grado di anticipare a Marco cosa dovrà fare e in quale ambiente;* • *Utilizzare istruzioni scritte supportate da immagini;* • *Rendere chiara la richiesta evidenziando la quantità delle cose da fare;* • *Proporre attività complesse di breve durata e aumentare la durata del compito per le attività più semplici;* • *Organizzare i compiti seguendo un principio di alternanza tra compiti più impegnativi e compiti più leggeri;* • *Variare la tipologia di esercizi in modo da mantenere viva la curiosità e l'interesse verso il compito;* • *Fornire in maniera chiara le regole da rispettare, le indicazioni su cosa ci aspetta da lui e sulle conseguenze delle diverse azioni. Nello stabilire le regole è importante visualizzarle in maniera chiara e semplice, indicando e descrivendo i comportamenti positivi e non i divieti. Una volta stabilito i comportamenti adeguati è efficace far seguire immediatamente dopo l'emissione degli stessi da parte di Marco un rinforzo (lode, premi o attività gradite).* • *Si ritiene necessario lavorare sull'imprevisto, proponendo qualcosa di diverso dalle attività di routine a cui è abituato o da quelle che comunque si aspetta, inserendo come sostituzione un'attività ancor più motivante rispetto a quella dello schema. Risulta quindi necessario alterare in modo graduale la routine giornaliera. Tutto questo va annunciato e motivato, in modo che il bambino non sia disorientato;* • *Quando il comportamento problematico è così dirompente che diventa impossibile o inefficace ignorarlo, utilizzare il time-out;* • *Non produrre rumori o urla, evitare continue sollecitazioni verbali;* • *Cercare di non farsi colpire e di non far colpire altri (allontanando gli altri compagni, allontanando sedie, banchi o altri oggetti che potrebbero essere lanciati o cercare di far allontanare il bambino).*

Attività o progetti sull'inclusione rivolti alla classe	• *Sensibilizzare attraverso la promozione della conoscenza delle caratteristiche dell'autismo* • *Organizzare e strutturare attività ludiche durante gli intervalli con la mediazione degli insegnanti o dell'assistente* • *Organizzare lavori di gruppo in classe con divisione dei compiti e dei ruoli*
Trasporto Scolastico	Indicare le modalità di svolgimento del servizio ______________________________ ____

Interventi e attività extrascolastiche attive

Attività terapeutico-riabilitative	n° ore	struttura	Obiettivi perseguiti ed eventuali raccordi con il PEI	NOTE (altre informazioni utili)
Attività extrascolastiche di tipo formale, informale e non formale (es.: attività ludico/ricreative, motorie, artistiche, etc.)		supporto	Obiettivi perseguiti ed eventuali raccordi con il PEI	NOTE (altre informazioni utili)

Revisione a seguito di Verifica intermedia **Data: 30 febbraio**

Specificare i punti oggetto di eventuale revisione	*Nessun punto è stato oggetto di revisione*

10. CERTIFICAZIONE DELLE COMPETENZE con eventuali note esplicative (D.M. 742/2017) *[solo per alunni/e in uscita dalle classi terze]*

Competenze chiave europee	**Competenze dal Profilo dello studente al termine del primo ciclo di istruzione**
NOTE ESPLICATIVE	

11.- Verifica finale/Proposte per le risorse professionali e i servizi di supporto necessari

Verifica finale del PEI Valutazione globale dei risultati raggiunti (con riferimento agli elementi di verifica delle varie Sezioni del PEI)	*Le strategie utilizzate hanno permesso all'alunno di affrontare lo studio delle singole discipline con un maggiore senso di responsabilità, favorendo nell'alunno un atteggiamento maggiormente autonomo e responsivo.*

Aggiornamento delle condizioni di contesto e progettazione per l'a.s. successivo [Sez. 5-6-7]

Suggerimenti, proposte, strategie che hanno particolarmente funzionato e che potrebbero essere riproposti; criticità emerse su cui intervenire, etc...	*Si suggerisce, per il prossimo anno scolastico, di utilizzare le stesse strategie messe in atto in questo anno.* *In particolare, si raccomanda l'utilizzo di uno stile di insegnamento che favorisca un apprendimento senza errori e quindi la proposta di attività a "difficoltà crescente"*

Interventi necessari per garantire il diritto allo studio e la frequenza

Assistenza di base (per azioni di mera assistenza materiale, non riconducibili ad interventi educativi)	Assistenza specialistica all'autonomia e/o alla comunicazione (per azioni riconducibili ad interventi educativi):
igienica □ *spostamenti* □ *mensa* □ *altro* □ *(specificare.........)* Dati relativi all'assistenza di base (collaboratori scolastici, organizzazione oraria ritenuta necessaria)	Comunicazione: assistenza a bambini/e con disabilità visiva □ assistenza a bambini/e con disabilità uditiva □ assistenza a bambini/e con disabilità intellettive e disturbi del neurosviluppo ✓ Educazione e sviluppo dell'autonomia, nella: cura di sé □ mensa □ altro □ (specificare) Dati relativi agli interventi educativi all'autonomia e alla comunicazione (educatori, organizzazione oraria ritenuta necessaria)

Esigenze di tipo sanitario: comprendono le eventuali somministrazioni di farmaci o altri interventi a supporto di funzioni vitali da assicurare, secondo i bisogni, durante l'orario scolastico.
Somministrazioni di farmaci:

[] non comportano il possesso di cognizioni specialistiche di tipo sanitario, né l'esercizio di discrezionalità tecnica da parte dell'adulto somministratore, ma solo adeguata formazione delle figure professionali coinvolte. Pertanto, possono essere coinvolte figure interne all'istituzione scolastica.
[ ] comportano cognizioni specialistiche e discrezionalità tecnica da parte dell'adulto somministratore, tali da richiedere il coinvolgimento di figure professionali esterne.

Altre esigenze ed interventi non riferibili esclusivamente alla specifica disabilità sono definiti nelle modalità ritenute più idonee, conservando la relativa documentazione nel fascicolo personale del bambino o della bambina.

Arredi speciali, Ausili didattici, informatici, ecc.)	Specificare la tipologia e le modalità di utilizzo
Proposta del numero di ore di sostegno per l'anno successivo*	Partendo dall'organizzazione delle attività di sostegno didattico e dalle osservazioni sistematiche svolte, tenuto conto □ del Verbale di accertamento □ del Profilo di Funzionamento e del suo eventuale □ aggiornamento, secondo quanto disposto all'art. 18 del Decreto Interministeriale n.182/2020, oltre che dei risultati raggiunti, nonché di eventuali difficoltà emerse durante l'anno, si propone - nell'ambito di quanto previsto dal D.Lgs 66/2017 e dal citato DI 182/2020 - il seguente fabbisogno di ore di sostegno. Ore di sostegno richieste per l'a. s. successivo 22 ore con la seguente motivazione: *consolidare gli obiettivi raggiunti*

Interventi necessari per garantire il diritto allo studio e la frequenza → Assistenza

Proposta delle risorse da destinare agli interventi di assistenza igienica e di base e delle risorse professionali da destinare all'assistenza, all'autonomia e/o alla comunicazione, per l'anno successivo* * (Art. 7, lettera d) D.Lgs 66/2017)	Partendo dalle osservazioni descritte nelle Sezioni 4 e 6 e dagli interventi descritti nelle Sezioni n. 5 e 7, tenuto conto ☐ del Verbale di accertamento ☐ del Profilo di Funzionamento e del suo eventuale ☐ aggiornamento, e dei risultati raggiunti, nonché di eventuali difficoltà emerse durante l'anno: - si indica il fabbisogno di risorse da destinare agli interventi di assistenza igienica e di base, nel modo seguente: - si indica, come segue, il fabbisogno di risorse professionali da destinare all'assistenza, all'autonomia e/o alla comunicazione - nell'ambito di quanto previsto dal Decreto Interministeriale 182/2020 e dall'Accordo di cui all'art. 3, comma 5*bis* del D.Lgs 66/2017 - per l'a. s. successivo: tipologia di assistenza *assistente alla comunicazione* figura professionale *OEPA per N. ore 12* (1).
Eventuali esigenze correlate al trasporto del bambino o della bambina da e verso la Scuola	

a. L'indicazione delle ore è finalizzata unicamente a permettere al Dirigente Scolastico di formulare la richiesta complessiva d'Istituto delle misure di sostegno ulteriori rispetto a quelle didattiche, da proporre e condividere con l'Ente Territoriale

La verifica finale, con la proposta del numero di ore di sostegno e delle risorse da destinare agli interventi di assistenza igienica e di base, nonché delle tipologie di assistenza/figure professionali da destinare all'assistenza, all'autonomia e/o alla comunicazione, per l'anno scolastico successivo, è stata approvata dal GLO in data ________

Come risulta da verbale n. ____allegato

Nome e Cognome	*specificare a quale titolo ciascun componente interviene al GLO	FIRMA
1.		
2.		
3.		

PRESENTAZIONE PEI DI DANIELE

SCUOLA SECONDARIA 2° GRADO

A titolo di esempio si propone il Pei compilato dell'alunno Daniele, che frequenta il II anno del Liceo Linguistico.

Lo studente presenta un Disturbo Ossessivo Compulsivo[12] (cod. ICD10 = F42.2), associato a Sindrome Schizotipica[13] (cod. ICD10 = F21), che richiedono la necessità di assumere farmaci neurolettici e modulatori dell'umore.

In base a quanto risultato dalla diagnosi funzionale e dall'osservazione scolastica le difficoltà sono sostanzialmente a livello emotivo-sociale e a livello neuropsicologico e degli apprendimenti, per questa ragione nell'elaborazione dell'attuale programmazione ci si è focalizzati su due punti:

- nella dimensione sociale, si lavorerà sulla capacità di confrontarsi con i compagni di classe e di esprimere le idee con calma;
- nella dimensione dell'autonomia e dell'apprendimento, si cercherà di migliorare i tempi di svolgimento dei compiti perché compromessi dai pensieri ossessivi, dai rituali e dall'eccessiva ansia.

[12] La caratteristica principale di questa sindrome sono i pensieri ossessivi o gli atti compulsivi ricorrenti. I pensieri ossessivi sono idee, immagini o impulsi che entrano ripetutamente nella mente del soggetto in modo stereotipato. Il soggetto in genere tenta, senza successo, di resistervi. I rituali compulsivi sono comportamenti stereotipati che vengono continuamente ripetuti. Il soggetto spesso li vede come un modo per prevenire qualche evento spiacevole che egli teme possa altrimenti verificarsi. Generalmente questo comportamento è riconosciuto come senza scopo e sono attuati ripetuti tentativi per resistervi. L'ansia è sempre presente. Se tenta di resistere alle azioni compulsive, l'ansia aumenta. Le ossessioni o le compulsioni causano sofferenza o interferiscono con il funzionamento sociale.

[13] Condizione caratterizzata da comportamento eccentrico e anomalie del pensiero e dell'affettività. I sintomi possono includere un'affettività fredda o inappropriata, un comportamento o aspetto strano o eccentrico, una tendenza all'isolamento sociale, idee paranoidi o bizzarre o pensiero magico, ruminazioni ossessive, disturbi del pensiero e della percezione.

SCUOLA SECONDARIA DI SECONDO GRADO

[INTESTAZIONE DELLA SCUOLA]

PIANO EDUCATIVO INDIVIDUALIZZATO

(ART. 7, D. LGS. 13 APRILE 2017, N. 66 e s.m.i.)

Anno Scolastico 20__/20__

STUDENTE/SSA ***DANIELE***

codice sostitutivo personale ____________

Classe ***II°*** Plesso o sede ***LICEO LINGUISTICO STATALE***

ACCERTAMENTO DELLA CONDIZIONE DI DISABILITÀ IN ETÀ EVOLUTIVA AI FINI DELL'INCLUSIONE SCOLASTICA rilasciato in data ***30/02/2017***

Data scadenza o rivedibilità: ☑ ***2024*** ☐ Non indicata

PROFILO DI FUNZIONAMENTO redatto in data ________________

Nella fase transitoria:

☑ PROFILO DI FUNZIONAMENTO NON DISPONIBILE

DIAGNOSI FUNZIONALE redatta in data ***28/02/2019***

PROFILO DINAMICO FUNZIONALE IN VIGORE approvato in data _______________

PROGETTO INDIVIDUALE ☐ redatto in data ☑ non redatto

PEI PROVVISORIO	DATA ________________ VERBALE ALLEGATO N. _____	FIRMA DEL DIRIGENTE SCOLASTICO[1] ....
APPROVAZIONE DEL PEI E PRIMA SOTTOSCRIZIONE	DATA ________________ VERBALE ALLEGATO N. 1	FIRMA DEL DIRIGENTE SCOLASTICO[1] ....
VERIFICA INTERMEDIA	DATA ________________ VERBALE ALLEGATO N. _____	FIRMA DEL DIRIGENTE SCOLASTICO[1] ....

VERIFICA FINALE E PROPOSTE PER L'A.S. SUCCESSIVO	DATA ____________ VERBALE ALLEGATO N. ______	FIRMA DEL DIRIGENTE SCOLASTICO[1] ....

Composizione del GLO - Gruppo di Lavoro Operativo per l'inclusione

Art. 15, commi 10 e 11 della L. 104/1992 (come modif. dal D.Lgs 96/2019)

Nome e Cognome	*specificare a quale titolo ciascun componente interviene al GLO
1	
2	
3	
4	
5	
6	
7	
8	
9	
...	

Eventuali modifiche o integrazioni alla composizione del GLO, successive alla prima convocazione

Data	Nome e Cognome	*specificare a quale titolo ciascun componente interviene al GLO	Variazione (nuovo membro, sostituzione, decadenza...)

1. Quadro informativo

Situazione familiare / descrizione dello Studente o della Studentessa
A cura dei genitori o esercenti la responsabilità genitoriale ovvero di altri componenti del GLO

Lo studente appartiene ad una famiglia composta da padre, madre e sorella maggiore di 2 anni. Abitano in una casa all'interno di un condominio a circa 500 mt dall'istituto scolastico. Daniele compie questo tragitto a piedi e in autonomia sia all'entrata che all'uscita da scuola. Passa le sue giornate in casa, nella sua cameretta. Occupa il suo tempo con lo studio (che lo mette molto in ansia) e con i vari dispositivi tecnologici. Quando esce dalla sua cameretta va in cucina per mangiare, altra attività che riempie la sua giornata. In famiglia possono scoppiare litigi nel momento in cui si cerca di regolargli l'alimentazione. È stato assunto un personal trainer per fargli fare attività fisica all'aperto ma lui salta molti appuntamenti e anche questi impegni diventano motivo di discussione in famiglia. Questi contrasti possono diventare violenti soprattutto con il padre. L'organizzazione familiare ruota intorno alle esigenze di Daniele. La sorella trascorre molto tempo fuori casa, si rapporta al fratello con fermezza. È l'unica della famiglia che lui ascolta e rispetta. Daniele si lamenta spesso di non avere amici e vede negli amici della sorella delle occasioni per frequentare coetanei.
In questo periodo non segue alcuna terapia psicologica ma solo quella farmacologica.

Elementi desunti dalla descrizione di sé dello Studente o della Studentessa, attraverso interviste o colloqui

Sono state rivolte a Daniele alcune domande per descrivere sé stesso, segue una sintesi delle sue risposte.
Daniele ama giocare ad alcuni giochi elettronici in rete, in questo modo entra in contatto con altri ragazzi della sua età che abitano in tutto il territorio nazionale. Ha un rapporto ambivalente con lo studio perché da una parte è importante per lui riuscire a scuola e avere buoni voti nelle verifiche scritte e orali, ma dall'altra parte lo studio gli genera molta ansia. Ogni volta che studia deve seguire uno schema come leggere il testo tre volte, fare un riassunto scritto molto dettagliato, ripetere il riassunto 2 volte. Questa modalità richiede molto tempo per ogni materia quindi il pomeriggio si innesca "una lotta contro il tempo" che lo porta ad innervosirsi per ogni cosa. In queste occasioni riesce a calmarsi solo con il cibo. Non ama fare attività sportiva perché la trova molto faticosa e gli fa perdere tempo per lo studio. Vorrebbe avere degli amici con i quali passare del tempo ma non sa come fare. In passato ha invitato un compagno per prepararsi ad una verifica ma visto che questo non voleva seguire il suo schema hanno avuto una discussione. In seguito, Daniele non ha più invitato alcun compagno a studiare. Gli piacciono le persone che parlano con un tono di voce basso e che sono calme. Non gli piacciono quelli che scherzano sempre perché non sa come reagire alle loro battute o scherzi. Non ha ancora deciso cosa fare dopo la scuola ma non vede l'ora di finire per raggiungere un po' di serenità.

2. Elementi generali desunti dal Profilo di Funzionamento

o dalla Diagnosi Funzionale, se non disponibile

Sintetica descrizione, considerando in particolare le dimensioni sulle quali va previsto l'intervento e che andranno quindi analizzate nel presente PEI

Lo studente presenta un Disturbo Ossessivo Compulsivo (cod. ICD10 = F42.2), associato a Sindrome Schizotipica (cod. ICD10 = F21), che richiedono la necessità di assumere farmaci neurolettici e modulatori dell'umore.

Daniele presenta:

- *alcuni stati d'ansia, che talvolta assumono andamenti acuti;*
- *una sintomatologia di tipo ossessivo compulsiva grave, con contenuti prevalenti relativi allo studio e al cibo;*
- *un disturbo dell''ideazione, con timori non realistici di subire influenze negative dai suoi coetanei;*
- *rituali di controllo relativi al cucinare e al cibo;*

l'affettività appare inibita e a volte coartata, con espressioni di intensa diffidenza.

In base alle indicazioni del Profilo di Funzionamento (o della Diagnosi Funzionale e del Profilo Dinamico Funzionale se non è stato ancora redatto) sono individuate le dimensioni rispetto alle quali è necessario definire nel PEI specifici interventi. Le sezioni del PEI non coinvolte vengono omesse.

Dimensione	Sezione		
Dimensione Socializzazione/Interazione/Relazione	Sezione 4A/5A	☑ Va definita	☐ Va omessa
Dimensione Comunicazione/Linguaggio	Sezione 4B/5B	☐ Va definita	☑ Va omessa
Dimensione Autonomia/ Orientamento	Sezione 4C/5C	☑ Va definita	☐ Va omessa
Dimensione Cognitiva, Neuropsicologica e dell'Apprendimento	Sezione 4D/5D	☑ Va definita	☐ Va omessa

3- Raccordo con il Progetto Individuale di cui all'art. 14 della Legge 328/2000

a. Sintesi dei contenuti del Progetto Individuale e sue modalità di coordinamento e interazione con il presente PEI, tenendo conto delle considerazioni della famiglia (se il Progetto individuale è stato già redatto)

Va omessa

b. Indicazioni da considerare nella relazione del progetto individuale di cui all'articolo 14 Legge n. 328/00 (se il progetto individuale è stato richiesto e deve essere ancora redatto)

Va omessa

4. Osservazioni sull'alunno/a per progettare gli interventi di sostegno didattico

Punti di forza sui quali costruire gli interventi educativi e didattici

a. Dimensione della relazione, dell'interazione e della socializzazione:

L'alunno cerca il confronto con la figura di riferimento quando vive momenti di difficoltà nell'ambito della didattica o per decifrare ed elaborare dinamiche sociali che gli creano disagio. In questi momenti può far leva sui suoi punti di forza a livello comunicativo; infatti, riesce facilmente a verbalizzare a sé stesso e all'insegnante i suoi pensieri e le sue emozioni. Daniele appare molto interessato ad intraprendere rapporti di amicizia e di scambio con i pari, necessita della mediazione dell'insegnante per non imporre nella relazione le sue decisioni o rituali. Alterna momenti in cui mostra fiducia in sé stesso, tanto da proporsi come guida per i compagni nello svolgimento delle attività didattiche, a momenti d'insicurezza che si verificano prevalentemente in occasione delle prove di verifica. In queste occasioni accoglie le rassicurazioni dell'insegnante, pur mantenendo un atteggiamento schivo e dimesso.

Daniele tende a rimuginare sui vari accadimenti, fraintendimenti o discussioni e questo lo porta a sperimentare tensione anche dopo alcuni giorni. Mostra una grande preoccupazione di fare errori in generale; riferisce che: "Non vuole apparire stupido" agli occhi dei compagni ed è convinto che verrà ridicolizzato da loro per questo motivo.

b. Dimensione della comunicazione e del linguaggio:

Va omessa

c. Dimensione dell'autonomia e dell'orientamento:

La cura personale è molto adeguata tanto da risultare un facilitatore per la dimensione relazionale. Daniele porta a termine le attività assegnate, soprattutto se strutturate, dimostrando una buona capacità di pianificazione delle attività e di organizzazione dei materiali didattici (cartacei e informatici). Nella gestione degli incarichi si evidenzia un buon grado di affidabilità. Mostra una buona motricità fine, rispetto alla motricità globale quando deve svolgere i vari esercizi in palestra necessita di adattamenti e semplificazioni altrimenti può rifiutarsi di eseguirli.

d. Dimensione cognitiva, neuropsicologica e dell'apprendimento:

I tempi di attenzione possono arrivare fino a 20 minuti in momenti di calma, ma se in ansia possono ridursi a pochi minuti. Daniele ha un'ottima capacità di ragionamento verbale, possiede un'alta conoscenza lessicale e un'ampia gamma di conoscenze generali. Comprende più facilmente il testo scritto che quello parlato, nel comprendere i grafici, i diagrammi e gli schemi ha necessità che gli vengano spiegati o raccontati. Mostra una predilezione per le lingue straniere e le materie classiche. A livello cognitivo elabora le informazioni in modo molto accurato, in generale il suo

focus è sui dettagli. Per tale ragione necessita di più tempo nel fare i collegamenti tra argomenti diversi e ha bisogno di una guida nel cogliere, percepire e comprendere il quadro generale o il "nocciolo della questione". Nelle verifiche a tempo lo studente necessita di rassicurazioni da parte dell'insegnante per gestire l'ansia e di soluzioni alternative e flessibili per superare i limiti di tempo che lui stesso si impone.

Revisione a seguito di Verifica intermedia **Data: 25 febbraio**

Specificare i punti oggetto di eventuale revisione	*Nessun punto è stato oggetto di revisione*

5. Interventi per lo/a studente/ssa: obiettivi educativi e didattici, strumenti, strategie e modalità

A. Dimensione: RELAZIONE / INTERAZIONE / SOCIALIZZAZIONE

→ *si faccia riferimento alla sfera affettivo relazionale, considerando l'area del sé, il rapporto con gli altri, la motivazione verso la relazione consapevole, anche con il gruppo dei pari, le interazioni con gli adulti di riferimento nel contesto scolastico, la motivazione all'apprendimento*

OBIETTIVI, specificando anche gli esiti attesi	*Imparare ad accettare il dissenso con l'interlocutore, comprendendone i motivi e utilizzando un linguaggio appropriato.* *Esito atteso: lo fa almeno in ogni situazione relazionale che presenta tensione.*
INTERVENTI EDUCATIVI, DIDATTICI E METODOLOGICI, STRATEGIE E STRUMENTI finalizzati al raggiungimento degli obiettivi	*Favorire i lavori di gruppo avendo cura di variare la composizione dei piccoli gruppi.* *Creare periodicamente momenti di discussione/riflessione sull'abilità sociale dell'ascolto attivo, seguendo lo schema della carta T. Alla fine di ogni incontro la tabella compilata della carta T verrà riportata su un cartellone da affiggere in classe.* *Proporre dibattiti su argomenti derivanti dalle diverse discipline scolastiche, per ognuno si dividerà la classe in due gruppi; uno sosterrà la tesi principale e l'altro sosterrà l'antitesi. Per preparare, elaborare e scrivere il proprio intervento ogni gruppo dovrà incontrarsi nei locali della scuola.*
VERIFICA (metodi, criteri e strumenti utilizzati per verificare se gli obiettivi sono stati raggiunti)	*Osservazione in presenza non strutturata sulla valutazione globale delle relazioni dell'alunno nella classe*

B. Dimensione: COMUNICAZIONE / LINGUAGGIO

→ *si faccia riferimento alla competenza linguistica, intesa come comprensione del linguaggio orale, produzione verbale e relativo uso comunicativo del linguaggio verbale o di linguaggi alternativi o integrativi; si consideri anche la dimensione comunicazionale, intesa come modalità di interazione, presenza e tipologia di contenuti prevalenti, utilizzo di mezzi privilegiati*

OBIETTIVI, specificando anche gli esiti attesi	*Va omessa*

INTERVENTI EDUCATIVI, DIDATTICI E METODOLOGICI, STRATEGIE E STRUMENTI finalizzati al raggiungimento degli obiettivi	
VERIFICA (metodi, criteri e strumenti utilizzati per verificare se gli obiettivi sono stati raggiunti)	

C. Dimensione: AUTONOMIA/ORIENTAMENTO → *si faccia riferimento all'autonomia della persona e all'autonomia sociale, alle dimensioni motorio-prassica (motricità globale, motricità fine, prassie semplici e complesse) e sensoriale (funzionalità visiva, uditiva, tattile)*

OBIETTIVI, specificando anche gli esiti attesi	*Rispettare i tempi dedicati alle varie attività, riducendo gradualmente il bisogno, da parte dello studente, di ripetere ossessivamente le nozioni acquisite e distogliendo l'attenzione da fattori che scatenano un comportamento ossessivo.*
INTERVENTI EDUCATIVI, DIDATTICI E METODOLOGICI, STRATEGIE E STRUMENTI finalizzati al raggiungimento degli obiettivi	*Costruzione di una scaletta che preveda le priorità dei compiti da portare a termine e la scansione dei tempi.* *Fare un diario dei pensieri ossessivi; scrivere per ogni pensiero le emozioni e gli stati d'animo collegati, le azioni da fare (compulsioni) per annullare il pensiero.* *Effettuare esercizi di rilassamento muscolare, di respirazione e di visualizzazioni positive delle situazioni da affrontare*
VERIFICA (metodi, criteri e strumenti utilizzati per verificare se gli obiettivi sono stati raggiunti)	*Osservazione sistematica e rilevamento dei tempi di svolgimento*

OBIETTIVI, specificando anche gli esiti attesi	*Potenziare l'autostima, poiché lo studente alterna momenti in cui manifesta un'alta considerazione della sua persona a momenti di sconforto, in cui cerca conferme e rassicurazioni sulla validità del lavoro svolto, anche a fronte di risultati positivi raggiunti.* *Esito atteso: Daniele mostrerà un'opinione positiva più stabile delle proprie capacità*
INTERVENTI EDUCATIVI, DIDATTICI E METODOLOGICI, STRATEGIE E STRUMENTI finalizzati al raggiungimento degli obiettivi	*Compilare in modalità individuale il bilancio delle proprie competenze: dividere il foglio in due colonne e scrivere su una i punti di forza e i risultati raggiunti, sull'altra le aree di miglioramento e le prestazioni basse. In una seconda fare condividere in piccolo gruppo il proprio bilancio delle competenze e invitare l'alunno a riflettere sulle difficoltà e gli insuccessi ottenuti anche dei compagni.*
VERIFICA (metodi, criteri e strumenti utilizzati per verificare se gli obiettivi sono stati raggiunti)	*Check-list da compilare durante gli incontri in piccolo gruppo*

D. Dimensione COGNITIVA, NEUROPSICOLOGICA E DELL'APPRENDIMENTO → *capacità mnesiche, intellettive e organizzazione spazio-temporale; livello di sviluppo raggiunto in ordine alle strategie utilizzate per la risoluzione di compiti propri per la fascia d'età, agli stili cognitivi, alla capacità di integrare competenze diverse per la risoluzione di compiti, alle competenze di lettura, scrittura, calcolo, decodifica di testi o messaggi*

OBIETTIVI, specificando anche gli esiti attesi	*Studiare le materie discorsive evitando di far ricorso all'apprendimento mnemonico* *Esito atteso: esporre i contenuti in maniera flessibile e diversificata (presentare lo stesso contenuto in almeno due modi diversi: orale e scritto, orale e grafico, scritto ed esperienziale)*
INTERVENTI EDUCATIVI, DIDATTICI E METODOLOGICI, STRATEGIE E STRUMENTI finalizzati al raggiungimento degli obiettivi	*Attività: selezionare alcuni argomenti di italiano e geostoria e studiarli attraverso diverse modalità come cartelloni, rappresentazioni grafiche, presentazioni ppt, elaborati artistici, costruzione di dibattiti oppure mappe mentali*
VERIFICA (metodi, criteri e strumenti utilizzati per verificare se gli obiettivi sono stati raggiunti)	*Osservazione diretta delle diverse esposizioni*

OBIETTIVI, specificando anche gli esiti attesi	*Cogliere l'idea centrale nell'elaborazione del testo passando dagli elementi di dettaglio ad altri elementi sovraordinati (concetto chiave e sotto-concetti)*
INTERVENTI DIDATTICI E METODOLOGICI, STRATEGIE E STRUMENTI finalizzati al raggiungimento degli obiettivi	*Attività di elaborazione approfondita del testo, attraverso la creazione di una rappresentazione generale/sintetica e la generazione di associazioni significative e organizzate fra i suoi contenuti. Lavorare su processi che spaziano dal particolare al generale e dal generale al particolare.* *Lo studente verrà guidato nel risalire, in un processo di sintesi, dai particolari al titolo, che emerge come elemento sovraordinato. Il lavoro sarà individuale nella prima parte e collettivo nella seconda, che prevede il confronto sotto la guida dell'insegnante, allo scopo di individuare modi diversi di interpretare gli stessi elementi.* *Verranno proposte attività che lavorano soprattutto sull'imparare a modificare le prime ipotesi formulate confrontandosi con il testo scritto per trarne le giuste conseguenze. L'attività sarà divisa in due fasi: la prima, individuale, prevede la consegna della* *parte di testo dove vi sono titolo del brano e domande che guidano a formulare ipotesi, a esplicitare possibili contenuti. Nella seconda invece, collettiva, si farà il punto della situazione sulle ipotesi elaborate, avviando una discussione per confrontare le idee elaborate individualmente.*
VERIFICA (metodi, criteri e strumenti utilizzati per verificare se gli obiettivi sono stati raggiunti)	*Osservazione del comportamento e dell'esposizione all'interno dei gruppi di discussione*

Revisione a seguito di Verifica intermedia **Data: 25 febbraio**

Specificare i punti eventualmente oggetto di revisione relativi alle Dimensioni interessate	*Nessun punto è stato oggetto di revisione*

Verifica conclusiva degli esiti **Data: 3 giugno**

Con verifica dei risultati conseguiti e valutazione sull'efficacia di interventi, strategie e strumenti	*Gli interventi educativi sono stati efficaci, tutti gli obiettivi sono stati raggiunti tranne l'obiettivo riguardante il potenziamento dell'autostima, che è stato parzialmente raggiunto.*

6. Osservazioni sul contesto: barriere e facilitatori

Osservazioni nel contesto scolastico – fisico, organizzativo, relazionale - con indicazione delle barriere e dei facilitatori a seguito dell'osservazione sistematica dell'alunno o dell'alunna e della classe, anche tenuto conto delle indicazioni fornite dallo/a stesso/a studente/essa

L'ambiente fisico in cui opera l'alunno è ben definito e disposto: l'accesso all'istituto avviene attraverso una grande rampa di cemento, e una volta che si accede all'interno vi si trovano ampie scale che portano ad ampi corridoi che terminano nelle varie aule. Le aule son ampie, luminose e ben areate, con arredi pertinenti all'uso: banchi, lavagna in ardesia e Lim, pc e armadio contenitore. La relazione che intercorre tra i vari docenti e l'alunno si basa sulla fiducia e sulla collaborazione, mentre il rapporto tra pari è ancora da consolidare, anche se, rispetto ai due anni precedenti, sta dimostrando di voler approfondire altre conoscenze, non solo quelle solite. Tra i docenti dello stesso consiglio di classe si coopera per cercare di annullare o quanto meno limare le differenze che possono insorgere sia dal punto di vista relazionale che da quello degli apprendimenti.

Revisione a seguito di Verifica intermedia **Data: 25 febbraio**

Specificare i punti oggetto di eventuale revisione	*Nessun punto è stato oggetto di revisione*

7. Interventi sul contesto per realizzare un ambiente di apprendimento inclusivo

→ *Tenendo conto di quanto definito nelle Sezioni 5 e 6, descrivere gli interventi previsti sul contesto e sull'ambiente di apprendimento*

Tra i docenti dello stesso consiglio si cerca di creare, tramite svariati strumenti e metodologie, un clima sereno per l'inclusione che permetta di collaborare ed interagire nel miglior modo possibile. *Vengono svolte per la maggior parte lezioni frontali, dialogate e partecipate, con ausilio di video proiettati su Lim o anche di mappe concettuali (ad uso non solo esclusivo dei ragazzi Bes) e di fotocopie fornite dai docenti curricolari e di sostegno.*

Revisione a seguito di Verifica intermedia **Data: 25 febbraio**

Specificare i punti oggetto di eventuale revisione	*Nessun punto è stato oggetto di revisione*

Verifica conclusiva degli esiti **Data: 3 giugno**

con verifica dei risultati conseguiti e valutazione sull'efficacia di interventi, strategie e strumenti	*Si rileva una maggiore serenità nel clima della classe*

8. Interventi sul percorso curricolare

8.1 Modalità di sostegno didattico e ulteriori interventi di inclusione

(anche con riferimento ad interventi di orientamento scolastico)

In Daniele il ragionamento fluido verbale è molto più consolidato della memoria a lungo termine, per questa ragione una strategia didattica utile potrebbe essere quella di mettere a disposizione del ragazzo le informazioni necessarie per eseguire i compiti, come un glossario, formulario, schema con i dati chiave. Questa modalità gli permetterebbe, in maniera più efficace, di effettuare previsioni, deduzioni, conclusioni sui contenuti appresi.

Per quanto riguarda la modalità di lavoro si cercherà di favorire i lavori di gruppo, la Peer education e la flipped classroom.

Rispetto alle difficoltà in memoria di lavoro si seguiranno le seguenti indicazioni:

- *Introdurre nuovi concetti secondo un approccio top-down, presentando prima il concetto per intero e poi le parti componenti (no bottom-up)*
- *Aggiungere immagini alle istruzioni orali;*
- *Ripetere e riesaminare frequentemente;*
- *Ridurre il numero di indicazioni date in una sola volta;*
- *Incitare il ragazzo ad annotare immediatamente informazioni chiave, nuovi vocaboli e concetti presentati durante una lezione o riportati sul materiale di lettura;*

- *Incoraggiare il ragazzo a creare un dizionario di immagini che possa servire da rubrica delle parole chiave e dei concetti;*
- *Ricorrere ad accorgimenti visivi, quali l'evidenziare, il sottolineare e la codifica a colori per focalizzare l'attenzione sulle informazioni visive importanti (es. I simboli dell'operazione, le istruzioni del compito, le parole chiave);*
- *Fornire un elenco di domande guidate relative ai passaggi procedurali ricorrenti;*
- *Dare la possibilità di audio registrare le spiegazioni;*
- *Valutare e attivare le conoscenze già acquisite prima di presentargli concetti o compiti nuovi;*
- *Fornire schemi organizzativi sui punti da trattare e strategie di anteprima del testo.*

8.2 Progettazione disciplinare

<table>
<tr><td>Disciplina:

ITALIANO</td><td>☐ A - Segue la progettazione didattica della classe e si applicano gli stessi criteri di valutazione
☑ B - Rispetto alla progettazione didattica della classe sono applicate le seguenti personalizzazioni in relazione agli obiettivi di apprendimento (conoscenze, abilità, traguardi di competenze) e ai criteri di valutazione:

L'alunno svolgerà il programma della classe preparandosi e usufruendo di riduzioni sulle pagine da studiare o di sintesi. Lo studente sarà dispensato dallo studio del libro di testo e potrà studiare su un testo contenuti ridotti, predisposto dalla stessa casa editrice. Sarà dispensato dallo svolgimento di una buona parte delle attività didattiche assegnate come compiti da svolgere a casa. Usufruirà di tracce semplificate.

con verifiche identiche ☐ equipollenti ☑

☐ C - Segue un percorso didattico differenziato

con verifiche ☐ non equipollenti

[indicare la o le attività alternative svolte in caso di differenziazione della didattica....................]</td></tr>
<tr><td>Disciplina:

GEOSTORIA</td><td>☐ A - Segue la progettazione didattica della classe e si applicano gli stessi criteri di valutazione
☑ B - Rispetto alla progettazione didattica della classe sono applicate le seguenti personalizzazioni in relazione agli obiettivi di apprendimento (conoscenze, abilità, traguardi di competenze) e ai criteri di Valutazione

L'alunno svolge il programma della classe preparandosi e studiando da un testo diverso da quello adozionale ma che contiene gli argomenti in maniera semplificata e sintetica.
con verifiche identiche ☐ equipollenti ☑
☐ C - Segue un percorso didattico differenziato
con verifiche ☐ non equipollenti</td></tr>
</table>

	[indicare la o le attività alternative svolte in caso di differenziazione della didattica................]
Disciplina: *MATEMATICA*	☐ A - Segue la progettazione didattica della classe e si applicano gli stessi criteri di valutazione ☑ B - Rispetto alla progettazione didattica della classe sono applicate le seguenti personalizzazioni in relazione agli obiettivi di apprendimento (conoscenze, abilità, traguardi di competenze) e ai criteri di valutazione: *L'alunno usufruirà delle seguenti personalizzazioni sui contenuti: sistemi di equazioni, numeri reali, cenno ai Radicali quadratici, equazioni di secondo grado, equazioni di grado superiore al secondo, disequazioni di secondo grado, elementi di geometria analitica: punti e rette, concetto di funzione, elementi di statistica descrittiva, elementi di geometria euclidea: principali teoremi ed applicazioni.* *L'alunno usufruirà delle seguenti personalizzazioni nelle abilità e competenze: saper risolvere un sistema di equazioni, saper risolvere equazioni di 2° grado e di grado superiore al secondo, saper risolvere una disequazione di 2° grado, saper organizzare dati, rappresentarli graficamente e determinare gli elementi caratteristici, sapere le caratteristiche principali degli enti e delle figure geometriche nel piano, saper calcolare la probabilità di eventi elementari, saper applicare le conoscenze acquisite alla risoluzione di semplici problemi applicati alla realtà* con verifiche identiche ☐ equipollenti ☑ ☐ C - Segue un percorso didattico differenziato con verifiche ☐ non equipollenti [indicare la o le attività alternative svolte in caso di differenziazione della didattica................]
Disciplina: *FRANCESE, INGLESE, SPAGNOLO, LATINO, SCIENZE, SCIENZE MOTORIE, IRC*	☑ A - Segue la progettazione didattica della classe e si applicano gli stessi criteri di valutazione ☐ B - Rispetto alla progettazione didattica della classe sono applicate le seguenti personalizzazioni in relazione agli obiettivi di apprendimento (conoscenze, abilità, traguardi di competenze) e ai criteri di valutazione con verifiche identiche ☐ equipollenti ☐ ☐ C - Segue un percorso didattico differenziato con verifiche ☐ non equipollenti [indicare la o le attività alternative svolte in caso di differenziazione della didattica................]

8.3. PERCORSI PER LE COMPETENZE TRASVERSALI E L'ORIENTAMENTO

Legge 30 dicembre 2018, n. 145, art. 1, cc. 784-787

(a partire dalla classe III)

Tipologia di percorso per le competenze trasversali e l'orientamento

A PERCORSO AZIENDALE:	ESTREMI DELLA CONVENZIONE stipulata :__________________ NOME E TIPOLOGIA AZIENDA: __________________ TUTOR AZIENDALE (ESTERNO): __________________ TUTOR SCOLASTICO (INTERNO), __________________ se diverso dal docente di sostegno DURATA E ORGANIZZAZIONE TEMPORALE DEL PERCORSO __________________
	Modalità di raggiungimento della struttura ospitante o di rientro a scuola, mezzi di trasporto e figure coinvolte:__________________
B PERCORSO SCOLASTICO:	FIGURE COINVOLTE e loro compiti __________________ __________________ __________________ DURATA E ORGANIZZAZIONE TEMPORALE PERCORSO __________________
C ALTRA TIPOLOGIA DI PERCORSO:	
	☐ attività condivise con l'Ente locale ai fini del Progetto individuale di cui al D. Lgs. 66/2017, art. 6.

Progettazione del percorso

OBIETTIVI DI COMPETENZA DEL PROGETTO FORMATIVO	
TIPOLOGIA DEL CONTESTO CON L'INDICAZIONE DELLE BARRIERE E DEI FACILITATORI nello specifico contesto ove si realizza il percorso	
TIPOLOGIE DI ATTIVITÀ (es: incontro con esperti, visite aziendali, impresa formativa simulata, project work in e con l'impresa, tirocini, progetti di imprenditorialità ecc.) e MODALITÀ/FASI di svolgimento delle attività previste	
MONITORAGGIO E VALUTAZIONE	
COINVOLGIMENTO DELLA RETE DI COLLABORAZIONE DEI SERVIZI TERRITORIALI per la prosecuzione del percorso di studi o per l'inserimento nel mondo del lavoro	
Osservazioni dello Studente o della Studentessa	

Revisione a seguito di Verifica intermedia Data: ________

Specificare i punti oggetto di eventuale revisione	

Verifica finale Data: _______

VERIFICA FINALE, con particolare riferimento: 1. al livello di riduzione dei vincoli di contesto e alla loro eventuale permanenza; 2. alla replicabilità dell'attività e alle misure di miglioramento da assumere, sulla base del riscontro dei tutor	

8.4 Criteri di valutazione del comportamento ed eventuali obiettivi specifici

<table>
<tr><td>Comportamento:</td><td>☐ A - Il comportamento è valutato in base agli stessi criteri adottati per la classe
☑ B - Il comportamento è valutato in base ai seguenti criteri personalizzati e al raggiungimento dei seguenti obiettivi:

il comportamento sarà valutato in base alla capacità di Daniele di mettersi in discussione e raggiungere gli obiettivi della sezione 5.

Si cercherà di costruire una coerenza educativa con la famiglia volta a dare una direzione univoca di comportamento nell'ambito sociale</td></tr>
</table>

Revisione a seguito di Verifica intermedia **Data: 25 febbraio**

Specificare i punti oggetto di eventuale revisione (progettazione disciplinare e/o comportamento)	*Nessun punto è stato oggetto di revisione*

Verifica conclusiva degli esiti **Data: 3 giugno**

con verifica dei risultati didattici conseguiti e valutazione sull'efficacia di interventi, strategie e strumenti riferiti anche all'ambiente di apprendimento. *NB: la valutazione finale degli apprendimenti è di competenza di tutto il Consiglio di classe*	*L'alunno riesce a confrontarsi con l'interlocutore controllando il proprio comportamento e autoregolandosi a livello emotivo. È stata importante la collaborazione con la famiglia per raggiungere una buona coerenza educativa.*

Lo Studente/la Studentessa segue un percorso didattico di tipo:

- ☐ **A. ordinario**
- ☑ **B. personalizzato (con prove equipollenti)**
- ☐ **C. differenziato**

[Si veda, al riguardo, la declaratoria contenuta nelle Linee guida]

9. Organizzazione generale del progetto di inclusione e utilizzo delle risorse

Tabella orario settimanale

(da adattare in base all'effettivo orario della classe)

Per ogni ora specificare:

- se lo studente/essa è presente a scuola salvo assenze occasionali — Pres. × (se è sempre presente non serve specificare)
- se è presente l'insegnante di sostegno — Sost. ×
- se è presente l'assistente all'autonomia e/o alla comunicazione — Ass. ×

Orario	Lunedì	Martedì	Mercoledì	Giovedì	Venerdì	Sabato
Prima ora	Pres. × Sost. × Ass. ×					
Seconda ora	Pres. × Sost. × Ass. ×					
Terza ora	Pres. × Sost. × Ass. ×					
Quarta ora	Pres. × Sost. × Ass. ×					
Quinta ora	Pres. × Sost. × Ass. ×					
...						

Lo/a studente/essa frequenta con orario ridotto?	☐ Sì: è presente a scuola per ____ore settimanali rispetto alle ____ore della classe, nel periodo____________(indicare il periodo dell'anno scolastico), su richiesta della famiglia e degli specialisti sanitari, in accordo con la scuola, per le seguenti motivazioni:.............................. ☑ No, frequenta regolarmente tutte le ore previste per la classe

Lo/a studente/essa è sempre in classe?	☑ Sì ☐ No, in base all'orario svolge nel periodo_________(indicare il periodo dell'anno scolastico), ______ore in altri spazi per le seguenti attività_____________con un gruppo di compagni ovvero individualmente per le seguenti oggettive, comprovate e particolari circostanze educative e didattiche____________________
Insegnante per le attività di sostegno	Numero di ore settimanali *18*
Risorse destinate agli interventi di assistenza igienica e di base	Descrizione del servizio svolto dai collaboratori scolastici *non è necessario*___________
Risorse professionali destinate all'assistenza per l'autonomia e/o per la comunicazione	Tipologia di assistenza / figura professionale __________ *OEPA* *Numero di ore settimanali condivise con l'Ente competente 9* __________
Altre risorse professionali presenti nella scuola/classe	[ ] docenti del consiglio di classe o della scuola in possesso del titolo di specializzazione per le attività di sostegno [ ] docenti dell'organico dell'autonomia coinvolti/e in progetti di inclusione o in specifiche attività rivolte allo studente/essa e/o alla classe [ ] altro ____________________

Uscite didattiche, visite guidate e viaggi di istruzione	Interventi previsti per consentire allo/a studente/essa di partecipare alle uscite didattiche, visite guidate e viaggi di istruzione organizzati per la classe ____________________ ____
Strategie per la prevenzione e l'eventuale gestione di situazioni e comportamenti problematici	____
Attività o progetti per l' inclusione rivolti alla classe	____
Trasporto Scolastico	Indicare le modalità di svolgimento del servizio____________________

Interventi e attività extrascolastiche attive

Attività terapeutico-riabilitative	n° ore	struttura	Obiettivi perseguiti ed eventuali raccordi con il PEI	NOTE (altre informazioni utili)
Attività extrascolastiche di tipo formale, informale e non formale (es: attività ludico/ricreative, motorie, artistiche, etc.)		supporto	Obiettivi perseguiti ed eventuali raccordi con il PEI	NOTE (altre informazioni utili)

10. CERTIFICAZIONE DELLE COMPETENZE

relative all'assolvimento dell'obbligo d'istruzione nella scuola secondaria superiore –

<u>Solo per le Classi seconde</u> (D.M. n. 139/2007 e D.M. 9/2010)

COMPETENZE DI BASE E RELATIVI LIVELLI RAGGIUNTI
NOTE ESPLICATIVE che rapportino il significato degli enunciati relativi alle Competenze di base e ai livelli raggiunti da ciascuno/a studente/essa, agli obiettivi specifici del Piano Educativo Individualizzato, anche in funzione orientativa per il proseguimento degli studi di ordine superiore ovvero per l'inserimento nel mondo del lavoro. ....

11.- Verifica finale/Proposte per le risorse professionali e i servizi di supporto necessari

Verifica finale del PEI Valutazione globale dei risultati raggiunti (con riferimento agli elementi di verifica delle varie Sezioni del PEI)	*Gli interventi educativi e didattici relativi al contesto e al percorso curriculare sono stati efficaci, aumentando il comportamento adeguato dell'alunno e il clima sereno della classe e del team docenti. Rispetto al profilo di funzionamento bisogno ancora consolidare l'autostima che risulta altalenante.*

Aggiornamento delle condizioni di contesto e progettazione per l'a.s. successivo [Sez. 5-6-7]

Suggerimenti, proposte, strategie che hanno particolarmente funzionato e che potrebbero essere riproposti; criticità emerse su cui intervenire, etc...	*Visto la necessità, da parte di Daniele, di tempi lunghi di elaborazione e l'assorbimento sui dettagli, che a volte possono diventare distraenti per lui, le verifiche a tempo devono essere adattate nel numero di esercizi o nel tempo a disposizione. È importante, inoltre, prestare attenzione all'orario della giornata nell'assegnare compiti che richiedono una rapida elaborazione mentale (es. l'ultima parte della giornata o la mattina presto, quando le risorse cognitive possono risultare esauste o limitate, non sono l'ideale).* *Le verifiche scritte e le verifiche orali saranno concordate con un preavviso di almeno 1 settimana. Nel caso le date dovessero essere disattese per qualsiasi motivo, i docenti si riservano di recuperarle alla prima occasione utile e compatibilmente con le esigenze didattiche. Per favorire l'inclusione dello studente si organizzeranno le verifiche scritte in concomitanza col resto della classe, che avrà lo stesso preavviso. Per le verifiche orali, i docenti si riservano di accogliere gli interventi spontanei dell'alunno che dovessero risultare esaustivi alle competenze da verificare assegnando un voto orale.*

Interventi necessari per garantire il diritto allo studio e la frequenza → Assistenza

Assistenza di base (per azioni di mera assistenza materiale, non riconducibili ad interventi educativi) *igienica* □ *spostamenti* □ *mensa* □ *altro* □ *(specificare.........)* Dati relativi all'assistenza di base (collaboratori scolastici, organizzazione oraria ritenuta necessaria)	Assistenza specialistica all'autonomia e/o alla comunicazione (per azioni riconducibili ad interventi educativi): Comunicazione: assistenza a bambini/e con disabilità visiva □ assistenza a bambini/e con disabilità uditiva □ assistenza a bambini/e con disabilità intellettive e disturbi del neurosviluppo ☑ Educazione e sviluppo dell'autonomia, nella: cura di sé □ mensa □ altro □ (specificare) Dati relativi agli interventi educativi all'autonomia e alla comunicazione (educatori, organizzazione oraria ritenuta necessaria)

Esigenze di tipo sanitario: comprendono le eventuali somministrazioni di farmaci o altri interventi a supporto di funzioni vitali da assicurare, secondo i bisogni, durante l'orario scolastico.
Somministrazioni di farmaci:

[] non comportano il possesso di cognizioni specialistiche di tipo sanitario, né l'esercizio di discrezionalità tecnica da parte dell'adulto somministratore, ma solo adeguata formazione delle figure professionali coinvolte. Pertanto, possono essere coinvolte figure interne all'istituzione scolastica.
[ ] comportano cognizioni specialistiche e discrezionalità tecnica da parte dell'adulto somministratore, tali da richiedere il coinvolgimento di figure professionali esterne.

Altre esigenze ed interventi non riferibili esclusivamente alla specifica disabilità sono definiti nelle modalità ritenute più idonee, conservando la relativa documentazione nel fascicolo personale del bambino o della bambina.

Arredi speciali, Ausili didattici, informatici, ecc.)	Specificare la tipologia e le modalità di utilizzo
Proposta del numero di ore di sostegno per l'anno successivo*	Partendo dall'organizzazione delle attività di sostegno didattico e dalle osservazioni sistematiche svolte, tenuto conto □ del Verbale di accertamento □ del Profilo di Funzionamento e del suo eventuale □ aggiornamento, secondo quanto disposto all'art. 18 del Decreto Interministeriale n.182/2020, oltre che dei risultati raggiunti, nonché di eventuali difficoltà emerse durante l'anno, si propone - nell'ambito di quanto previsto dal D.Lgs 66/2017 e dal citato DI 182/2020 - il seguente fabbisogno di ore di sostegno. Ore di sostegno richieste per l'a. s. successivo *18 ore* con la seguente motivazione: *consolidare gli obiettivi raggiunti*

Proposta delle risorse da destinare agli interventi di assistenza igienica e di base e delle risorse professionali da destinare all'assistenza, all'autonomia e/o alla comunicazione, per l'anno successivo* * (Art. 7, lettera d) D.Lgs 66/2017)	Partendo dalle osservazioni descritte nelle Sezioni 4 e 6 e dagli interventi descritti nelle Sezioni n. 5 e 7, tenuto conto ☐ del Verbale di accertamento ☐ del Profilo di Funzionamento e del suo eventuale ☐ aggiornamento, e dei risultati raggiunti, nonché di eventuali difficoltà emerse durante l'anno: - si indica il fabbisogno di risorse da destinare agli interventi di assistenza igienica e di base, nel modo seguente: - si indica, come segue, il fabbisogno di risorse professionali da destinare all'assistenza, all'autonomia e/o alla comunicazione - nell'ambito di quanto previsto dal Decreto Interministeriale 182/2020 e dall'Accordo di cui all'art. 3, comma 5*bis* del D.Lgs 66/2017 - per l'a. s. successivo: tipologia di assistenza *assistente alla comunicazione* figura professionale *OEPA per N. ore 9* (1).
Eventuali esigenze correlate al trasporto del bambino o della bambina da e verso la Scuola	

b. L'indicazione delle ore è finalizzata unicamente a permettere al Dirigente Scolastico di formulare la richiesta complessiva d'Istituto delle misure di sostegno ulteriori rispetto a quelle didattiche, da proporre e condividere con l'Ente Territoriale

La verifica finale, con la proposta del numero di ore di sostegno e delle risorse da destinare agli interventi di assistenza igienica e di base, nonché delle tipologie di assistenza/figure professionali da destinare all'assistenza, all'autonomia e/o alla comunicazione, per l'anno scolastico successivo, è stata approvata dal GLO in data ______________________________

Come risulta da verbale n. ____allegato

Nome e Cognome	*specificare a quale titolo ciascun componente interviene al GLO	FIRMA
1.		
2.		
3.		
4.		
8.		
9.		